情商高，就是说话让人愉快

王晓霞◎著

廣東旅游出版社
GUANGDONG TRAVEL & TOURISM PRESS
悦读书·悦旅行·悦享人生
中国·广州

图书在版编目（CIP）数据

情商高，就是说话让人愉快 / 王晓霞著. — 广州：广东旅游出版社，2018.4（2024.8重印）

ISBN 978-7-5570-1261-8

Ⅰ. ①情… Ⅱ. ①王… Ⅲ. ①心理交往 - 语言艺术 - 通俗读物 Ⅳ. ①C912.13-49

中国版本图书馆CIP数据核字（2018）第034361号

情商高，就是说话让人愉快

QING SHANG GAO，JIU SHI SHUO HUA RANG REN YU KUAI

出 版 人 刘志松
责任编辑 李 丽
责任技编 冼志良
责任校对 李瑞苑

广东旅游出版社出版发行

地　址 广东省广州市荔湾区沙面北街71号首、二层
邮　编 510130
电　话 020-87347732（总编室） 020-87348887（销售热线）
投稿邮箱 2026542779@qq.com
印　刷 三河市腾飞印务有限公司
（地址：三河市黄土庄镇小石庄村）
开　本 880毫米×1230毫米 1/32
印　张 8
字　数 151千
版　次 2018年4月第1版
印　次 2024年8月第2次印刷
定　价 56.00元

序 言

美国著名心理学家丹尼尔·戈尔曼，在他的《情商》一书中诠释了“情商是决定人生成功与否的关键”。而情商最重要的表现就是，要与别人情绪一致。也就是说，在人际交往和沟通中，高情商的人，懂得适时调整自己的情绪，去迎合他人，从而寻找契机，将自己的好情绪传达出去。这种说话和沟通的方式，会让与之沟通的人很舒服，从而感觉到愉悦，进而产生好感并愿意做任何事。

这些会说话的高情商者，可以广交五湖四海的朋友，从而为自己的事业奠立人际关系；可轻松自如地调解纠纷、斡旋争端，让自己的事业一帆风顺；可获得同事的尊敬、老板的青睐，使自己在职场中如鱼得水……

成功人士大多是高情商者，毫不夸张地说，在这些“高情商者”身上，至少有一半是用舌头创造的。君不见，拿破仑的一席话，能迅速调动军队的士气，一鼓作气取得胜利；君不见，林肯的一席话，能让反对他的政敌哑口无言，肃然起敬；君不见，比尔·盖茨的一席话，能促使信息业走进一个全新的领域。

这些高情商者正是依靠出众的口才，因而被朋友所尊敬，被社会所认同，上得领导青睐，下得下属爱戴。他们共有的特质表现为：既能从新的角度看事物，又能就众人熟知的事物提出独到的观点；既有广阔的视野，谈论的题材超越自身生活的范畴，又充满热情，让人感觉到他们对于生活中所从事的种种活动怀有强烈的情感，且使人对他的话题兴趣盎然；他们好奇心强，对许多事都有探究的兴致；他们有同情心，会设身处地去思索你所告诉他们的事情；他们有幽默感，也不介意开自己的玩笑；他们有自己的说话风格……

也许你十分羡慕那些能够左右逢源、八面玲珑的高情商拥有者，但是仔细想来，这些高情商的人所具备的特质，我们何尝不具备呢？其实，与智商不同，情商这种东西十分看重后天的培养，只要肯下功夫练习，掌握说话的基本功，通晓语言的技巧，理解语言的艺术，发挥语言的力量，人人都可以成为会说话的高情商者。当然，要做到这一点，离不开对古今中外相关经验的借鉴，离不开对理论和技巧的学习。这本书，就为这种借鉴和学习提供了一个很好的起点。

目录

第1章 把“笨语”变成“妙言”

高情商的人都懂得要想把话说得婉转动人，有理有趣，引人入胜，就需要学好并妙用其中的技巧。总之，话要巧，多动脑。只有充满智慧与技巧的话语，才能让人听后心情愉悦，才能在现实生活中处处受人欢迎。

第2章 说话如煲汤要掌握火候

我们在与人交谈和来往中，不要自以为是、出言不逊，不要打听干涉别人的隐私、评论他人的是是非非，不要无事生非、捕风捉影，也不要东家长西家短，更不能听风就是雨，左右摇摆。如满嘴污言秽语，不但伤人，而且有损自身形象，迟早会被别人憎恨和报复。

第 3 章　能打动人心就是成功

巧妙地运用充满真情的话语，可以促使说者与听者产生情感上的共鸣，可以促进交流双方的关系融洽，从而形成良好的沟通氛围。充满情感的话语可以使人赢得广泛的人脉关系，为人生的成功创造有利的条件。

第4章　赞美的语言沟通人心

赞美是一种重要的交际手段，它能在瞬间沟通人与人之间的感情。任何人都希望被赞美，在人际交往中，善用赞美语言是一种艺术。赞美他人不仅可以使受赞美者心情舒畅，而且他会对你产生好感，从而更有利于进一步沟通和加深双方的友谊关系。

第5章　幽默机智更受欢迎

当你以幽默的方式与人接触、交往，就会在他们心中形成一个光亮的形象，人们会乐意继续与你交往。假如自己不善于主动制造幽默，至少也要寻找和肯定其他人在幽默上的努力，这样会减少紧张气氛，减少沟通的困难，让自己在人际交往中显现出浓厚的人情味，使生活更有乐趣。

第 6 章　把陌生人变为朋友

任何深厚友谊的建立，都要经历一个由陌生到熟悉的过程。学会和陌生人交谈，既是提高个人能力的需要，也是结识新朋友、扩大社交圈的途径。

第 7 章　求人办事不难

在求人办事的过程中，正确的说话方式和技巧很重要。话说得好，就可以处理好人与人的交往，让对方愿意了解你的需求、你的想法，直至同意你的请求，才有可能把事情办好、办成功。

第 8 章　把话说好的诀窍

夯实说话的基本功，一方面要学习他人成功的经验，另一方面对他人的失败也要引以为鉴。具体来说，不能总是随声附和，别板着面孔说话，千万别耍直脾气，等等。

第 9 章　说“不”是种语言艺术

有位伟人说过：人世间最难的事就在于对他人说“不”。在面对他人的要求时，人常常会陷入两难境地：要是拒绝他人，怕得罪对方，万一以后自己有事求人家，别人不给面子；而答应了人家，有时候就会违反自己的原则，让自己陷入不好的境地。其实，只要掌握拒绝他人的语言艺术，就能避免这种两难境地，把事情完美地处理好。

第 10 章　说话要注意方式方法

就像说话有技巧一样，说话也是有禁忌和误区的。我们不能满足于知道或掌握了多少技巧，还要谨慎地注意说话的禁忌，不要误闯了说话的雷区，避开那些让人尴尬、不知所措的时刻。

第 *1* 章

把“笨语”变成“妙言”

高情商的人都懂得要想把话说得婉转动人，有理有趣，引人入胜，就需要学好并妙用其中的技巧。总之，话要巧，多动脑。只有充满智慧与技巧的话语，才能让人听后心情愉悦，才能在现实生活中处处受人欢迎。

我们真的会说话吗?

要是有人问你：“你会说话吗？”估计很多人都会沉吟半晌，不知道如何作答！我们也知道现实生活中，很多人不会或者说并不是真正的会说话。

有家父子冬日在镇上卖便壶（俗称“夜壶”。旧时男人夜间或病中卧床小便的用具）。父亲在南街卖，儿子在北街卖。不多久，儿子的地摊前有了看货的人，其中一个看了一会儿，说道：“这便壶大了些。”那儿子马上接过话茬：“大了好哇！装的尿多。”人们听了，觉得很不顺耳，便扭头离去。在南街的父亲也遇到了顾客说便壶大的情况。当听到一个老人自言自语说“这便壶大了些”后，马上笑着轻声地接了一句：“大是大了些，可您想想，冬天夜长啊！”好几个顾客听罢，都会意地点了点头，继而掏钱买走了便壶。

父子两人在一个镇上做同一种生意，结果迥异，原因就在会不会说话上。我们不能说当儿子的话说得不对，确实，便壶大装的尿多，他是实话实说。但不可否认，他的话说得欠水平，粗俗的语言难以入耳，令人听了很不舒服。本来，买便壶不俗不丑，但毕竟还有些私密的因素在内。人们可以拿着脸盆、扁担等大大方方地在街上走，但若拎着个便壶走在街上，就多少有些不自在了。此时，儿子直通通的大实话怎么能不让买者感到别扭呢？那个父亲则算得上是一位高明的推销商。他先赞同顾客的话（“大是大了些”），以认同的态度拉近与顾客的距离，然后又以委婉的话语说“冬天夜长啊”，这句看似离题的话说得实在是好，无丝毫强卖之嫌，却又富于启示性。其潜台词是：冬天天冷夜长，夜解次数多且又怕冷不愿意下床是自然的，大便壶正好派上用场。这设身处地的善意提醒，顾客不难明白。卖者说得在理，顾客买下来也就是很自然的了。

唐太宗李世民曾经有过一段评论说：“语言者，君子之枢机，‘谈’何容易！”

确实，语言不仅是交际的工具，更是一门学问，一门艺术。有的人缺少“嘴”上的功夫，说话乏“术”，因此，言谈表达往往“话不投机”，以致很难把事情办好，有时甚至还会将好事办砸；而有的人则能得体地运用语言准确地传递信息、表情达意，有的人甚至能点“语”成金，使所言收到奇佳的表达效果。

解缙陪伴明太祖朱元璋在金水河钓鱼，不料一上午一无所获，朱元璋深感失望，即命解缙“以诗记之”。这可是件风险极大的事。没钓到鱼乃是件地地道道的憾事，如果直录其事激怒皇上，岂不是脑袋不保？但既然皇上有令，如果不录，岂不是有意抗旨？不过这难不倒解缙，只见他稍加思索，便念出了一首漂亮的小诗：“数尺纶丝入水中，金钩抛去永无踪；凡鱼不敢朝天子，万岁君王只钓龙。”明太祖听了开怀大笑。请注意这首小诗，前两句的确是“遵旨而行”的实写，后两句则是巧妙的劝慰——钓不到鱼，那是因为皇上至尊至贵，“凡鱼”不敢上钩。于是就这么一“劝”，皇上乐开了花。

试想，如果解缙没有出色的想象力，不善于用语言将其准确迅速地表达出来，是不可能取得既直陈其事又劝慰皇上并且保全自己性命这样“一箭三雕”的效果的。

大哲学家老子曾经说过：“美言可以市。”意思是：如果一个人善于驾驭语言，便可以用之去交换自己所需要的东西。不善“说”道的人，可能就注定了要一辈子平庸，深谙说话之“术”的人，却常常能在最不可能处扭转乾坤。

元代的关汉卿因为编演《窦娥冤》，得罪了统治者，官府要捉拿他治罪。关汉卿得知消息后，连夜逃走。途中，遇到几名捕快。

班头问：“你是干什么的？”

关汉卿顺口答道：“三五步走遍天下，六七人统领千军。”班头明白了：“原来你是唱戏的。”关汉卿又吟道：“或为君子小人，或为才子佳人，登台便见；有时欢天喜地，有时惊天动地，转眼皆空。”班头见他如此伶俐，出口成章，便问道：“你是关……”

关汉卿笑道：“看我非我，我看我，我亦非我；装谁像谁，谁装谁，谁就像谁。”班头本来就爱看戏，特别爱看关汉卿编演的戏。知道眼前这人便是关汉卿。捉他吧，于心不忍；不捉吧，五百两赏银便没了。关汉卿看透了他的心理，便顺口吟道：“台头莫逞强，纵得到厚禄高官，得意无非俄顷事；眼下何足算，到头来抛盔卸甲，下场还是普通人。”可能是这首诗打动了班头，他便对另几名捕快说：“放他去吧，这是个疯子。”

关汉卿就这样脱了险。

可见，学会运用语言的威力，掌握说话的艺术，不仅是人际交往增进感情的催化剂，更是我们摆脱困境达到事业成功的保证。

有位西方哲人说过：“世间有一种能力可以使人很快完成伟业，并获得世人的认可，那就是讲话令人喜悦的能力。”让我们记住他的话吧！

会说话，才能成为大赢家

一个人，做到能说会道绝不容易，它需要技巧，只有掌握技巧，才能成为社交场合的大赢家。

掌握出色的说话技巧，等于多了一个交际的工具。

侃侃而谈，使听者为之而动容；能言善辩，使听者为之而折服。能说会道，往往是社交场合大赢家的看家本事。

每个人要把事情做好，要把人的关系协调好，就不得不说话，说话是最基本的表达方式。把说话和做事结合起来的人，肯定是实实在在的人，是言必信、行必果的人。

在生意场上，生意人不仅需要智慧，还应有涵养和风度，而且必须具备"说"的技巧。经商，离不开生意洽谈，而在洽谈中，僵局在所难免。作为一位精明的生意洽谈人应努力保持镇定，设法缓和洽谈气氛，这时，"能说会道"就派上用场，它可以改变问题，使氛围轻松，给你赢得时间，创造机会，使你"卷土重来"。

在情场上，"能说会道"是情人之间的黏合剂。

电影《人到中年》里有这么一段对话：

"……你呢，你喜欢诗吗？"傅家杰问陆文婷。

"我？我不懂诗，也很少念诗。"陆文婷略带自嘲口吻地说，"我们眼科手术，一针一剪都严格得很，不能有半点儿幻想的……"

傅家杰连忙打断她的话，热情洋溢地说："不，你的工作就是一首最美的诗。你使千千万万人重见光明……"

就是这么简短的几句话，轻而易举地解除了有可能出现的误会，互相有了更深的理解，两人情感在深层处得到沟通，爱加深了。

社交场合，口吐莲花、妙语连珠更是交际双方情感撞击和融汇的彩虹。意大利著名诗人但丁说过：语言作为工具，对于我们之重要，犹如骏马对于骑士那样重要。

的确，社会上有些不老实的人，常常利用所谓老实人不会说话的缺点，占他们的便宜。这些不老实的人，虽说可恶，但善于花言巧语，尖嘴利舌，使他们常常可以达到不可告人的目的。但是那些不善辞令、拙嘴笨腮的老实人难道不应该提高一下自己的说话水平，或者通过学习与训练使自己也“能说会道”起来吗？

当然，也并非具有三寸不烂之舌，说起话来满口冒白沫子的人就算口才好，就是能说会道。你看这位君子，夸夸其谈，口若悬河，但他讲了一番什么呀，都是人家的隐私，把人家和对象幽会时的样子也都描绘得细微而精彩。这种“口才”是如何的讨厌不是很明了吗？一般认为，推销人员的口才都好。这是不完全符合实际的，现今的优秀推销人员中，不具备“口吐莲花”者，仍然很多。口若悬河，滔滔不绝，很可能打不到要害，只言片语，却很可能一语说到点子上。哪一种算“能说会道”呢？显然是后者。

能说会道的人应该是不惹人厌烦的人。初次与人见面，给人印象最深刻的是说话。言辞得体，会使对方满意，从而使你突破人际交往的每一道难关。一个懂得对方心意的人，说起话来能够为他人设想，这种人大都有强烈的感受性，故因善解人意而能博得对方好感。

要想真正算得上能说会道，还要绕过两个陷阱：一是言多语失；二是祸从口出。

总而言之，说话的技巧很重要，只有能说会道才能游刃有余于社交场合，才能成为社交的大赢家。

说得恰当比说得漂亮更好

在社交言谈中，富有语言表达能力的人，极具驾驭语言的功力，能够自如地使用多种语言表达方式，不断探求各种各样的语言风格。

谈起《水浒传》，人们便会立即想起那心直口快的“直炮筒”鲁智深的形象。其实，即使是最直率的鲁智深，有时也离不开委婉，说话也有含蓄的时候。电视剧《鲁智深》写鲁智深三拳打死镇关西后，为了逃避官家的追捕，只得削发为僧。剧中有这样一段台词：

法师：“尽形寿，不近色，汝今能持否？”智深：“能。”

法师：“尽形寿，不沾酒，汝今能持否？”智深：“能。”

法师：“尽形寿，不杀生，汝今能持否？”智深犹豫深思。

法师高声催问：“尽形寿，不杀生，汝今能持否？”

智深：“知道了。”

要叫鲁智深不近女人不饮酒，他还能做到，倘要他不惩杀世间的恶人，实在难办。但此时若回“不能”则法师必不许其削发为僧，他就无处藏身了。因此来一个灵活应对，回答“知道了”，暗示“不能持”，法师面前过得关，又不违背自己的本意，两全其美。

委婉，或称作婉转、婉曲，是一种修辞手法。它是指在讲话时不直陈本意，而用委婉之词加以烘托或暗示，让人思而得之，而且越揣摩，含义越深越多，因而也就越有吸引力和感染力。

英国有一位传奇式的篮球教练叫佩迈尔。他曾带领一支大学篮球队获得国内比赛 39 次冠军，使球迷们为之倾倒。可是，他的球队在蝉联 29 次冠军后，遭遇一次空前的惨败。比赛一结束，记者们蜂拥而至，把他围得水泄不通，问他这位败军之将有何感想。他微笑着，不无幽默地说：“好极了，现在我们可以轻装上阵，全力以赴地去争夺冠军了。”

两度总统竞选均败于艾森豪威尔手下的史蒂文森，从未失去幽默。在他第一次荣获提名竞选总统时，他承认自己受宠若惊，并打趣说：“我想得意扬扬不会伤害任何人，也就是说，只要人不吸入这空气的话。”

在他竞选第一次失败的那天早晨，他以充满幽默力量的口吻，在门口欢迎记者进来：“进来吧，来给烤面包验验尸。”几天后，他被邀请在一次餐会上演讲。他在路上因为阅兵行列的经过而被耽搁，到达会场时已迟到了。他表示歉意，解释说：“军队的英雄老是挡我的路。”会议得以在欢愉的气氛中圆满闭幕。

可见，轻松、微妙、巧妙、含蓄的俏皮话，说得委婉，改变了他在人们心目中的形象，使听众感到他并不是一个失败者，而是成功者，使他在人们心目中留下了不可磨灭的印象。

无论是谁，在生活中都有不便直言之事。青年男女向异性求爱，虽然文学作品中也有“姑娘，我爱你”“小姐，嫁给我吧”“亲爱的，我向您求婚”之类的直率描写，但大多数人尚无这种勇气，因此常用婉语。如有些少数民族崇尚以对歌表达爱意，是很能吸引青年男女双方的。

在社交中，为给人以风趣之感，有人常常运用故意游移其词的手法，曲折地表达了事情的本意，但又没有违反使用语言的规律，收到了预期的效果。

总之，在社交活动中，适当讲究曲径通幽的谈话艺术，会使您魅力无穷。正如格拉西安所说：“说得恰当要比说得漂亮更好。”

针对不同情况灵活应变

生活中有时可能出现一些未曾预料到的问题，需要我们及时有效地处理，这就要求我们把握交际的随机性，运用适当的语言技巧，灵活应变。

在实际交往中，应对意外情况的语言技巧有以下五种。

1. 以软击硬，绵里藏针

在人际交往中，有时由于双方身份不同或处境不同，可能使一方处于十分不利的地位。当势力强大的一方故意发难时，弱方用硬碰硬的办法与之争斗是会吃亏的。要想坚持原则又能获取胜利，最好的办法就是以软击硬，绵里藏针，用含而不露的口才去战胜对手。

2. 偷换概念，移花接木

移花接木是互相顶替的意思。在交际中，有时会碰到一些不便或不必回答的问题。但是，缄默是不允许的，使用“无可奉告”的外交辞令有时也并不礼貌。此时，不妨“偷换概念”，故意曲解对方所提问题的意愿去应变。这就叫“移花接木”。

3. 妙用“模糊语言”

模糊语言也是实际表达中需要的。对于不必要、不可能或不便于把话说得太实太死的情况，这时就要求助于表意上具有“弹性”的模糊语言。随机应变，尤其需要模糊语言。

4. 以毒攻毒

谈话中对方若故设“陷阱”，可以以牙还牙。会话对方故设“陷阱”，以谬论相刁难，其用意无非是企图造成一种进退两难的局面：答则显示无知，不答则表明无能。这种情况比较适宜用“以毒攻毒”法应变。

5. 装聋作哑，顺水推舟

“顺水推舟”可以避开对手的进攻，面对挑衅，除了针锋相对、以牙还牙，有时也需"绵里藏针"，以守为攻。这时候，不妨来个装聋作哑，一则避其锋芒，二则以有礼对无礼，在心理上争取主动。

应变的口才艺术是对一个人综合能力的考验。

首先，阅历、知识、气质等是影响应变能力的重要因素。一般来说，阅历丰富、知识渊博、智慧高并且具有虚怀若谷、从容镇定气质的人，反应更敏捷，对付突发情况的反应更快，能在会话中应对各种突如其来的意外局面。

其次，思维方式也影响人的应变能力。语言是思维的外衣，培养应变能力首先要着眼于思维训练。古人说的"慧于心秀于口"，就是这个意思。人只要加强思维训练，就能使自己在语言感受的敏锐性、思维的敏捷性、判断的准确性、表达的即时性等方面前进一步。

在人际交往中，各种意外情况都有可能出现，掌握了上述技巧，针对不同情况灵活运用，就能收到奇效。

机智地运用设问的技巧

好的口才离不开"问"的艺术。在人际交谈中，不同的语气表达着不同的语义，灵活运用问句的各种形式，可以使谈话变得非常有趣，也可使自己轻松应对种种谈话危机。学习运用设问这项技巧，可从以下三方面着手。

1. 用问句开始话题

（1）见面时的寒暄。大家一见面，先要寒暄一下，问候一声，表现出自己对他人的关心，将温暖送给对方，为我们开始下面的谈话起到铺垫作用。这时常见的问句可以问候对方的学习、工作和生活等各方面。比如，“吃饭了吗”“生活还不错吧”“工作还忙吗”“气色不错，有什么高兴事吧”，等等。问句一般要简洁、质朴，不要过于华丽、烦琐。要记住，这时候，我们向他人问话，虽然用的是一般疑问句，但并不渴望对方做出什么详细回答，对方可以只是附和一下。这样的问话还要真诚一点，不要油嘴滑舌。比如，如果每次寒暄都这样说：“吃饭了吗？要是没有，我请你。”这会让对方感到为难，如果接受你的邀请，确非愿意；如果不接受你的邀请，又顺了你一个人情。因此，寒暄时，语言一定要简洁、质朴，态度要真诚、恳切。

（2）诱导对方讲话。在谈话时，如果对方保持沉默，或者不善于言谈，我们可以以提问的方式诱导对方讲话。这时可以就时下人们都关心的事情问对方，如政府刚刚颁布的某项政策，本地区刚刚发生的一件大事，等等。可以就对方感兴趣的事问对方，比如对方如果是做经济管理的，我们可以向他请教有关经济方面的问题；如果对方是做园艺的，我们可以向他请教如何栽花种草的问题；如果大家正在谈论某个话题，可以询问对方对这个话题的看法，比如大家都在谈如何看待中学生教育的问题，可以让对方发表自己的观点，等等。这类话题主要目的是诱导对方讲话，因此，一定要让对方有话可说。

（3）吸引对方的注意力。在谈话时，如果意识到对方对我们的谈话显得很懒散，我们可以用问题来吸引对方的注意力。这种方法在教学中经常被老师巧妙地运用，比如上课时老师发现同学们因为教室外的事，注意力不集中，就故意停顿一下，再问同学们：“刚才说到哪儿了？”同学们就会提醒老师，在这一问一答中，同学们的注意力就会回到课堂上。利用问句吸引对方的注意力，在日常谈话中是常见的事，形式上也多种多样。比如，在大家都不在意的时候，我们就身边的事好奇地发问：“这是什么？”其他人肯定会被我们的发问吸引过来。

2. 用问句试探对方

（1）请求对方帮助。当我们要请求对方帮助时，语气要婉转一些，不能像命令似的，比如说：“来，帮一下忙吧！”当你说出这句话的时候，对方或许就不肯帮忙了，也许最后也还是帮了忙，但对方心里却极不情愿。我们可以用问句的形式委婉地说，比如，“这个箱子太重，你能帮我一下吗”“周末我有事不能上班，你能帮我代一天吗”“如果明天你能来参加宴会就好了，你能来吗”，同样的一个意思，用问句说出来，语气要委婉得多。带有商量的语气，会让对方乐意接受，同时，也给对方有回旋的余地。假如对方真的有事，不能帮忙，也能给对方一个脱身的机会。如果你直接说：“周末我有事不能上班，你来帮我代一天吧！”这样的话，如果对方要脱身，就会觉得驳你的面子很为难。

（2）从对方那里了解更多的信息。当我们需要从对方那里了解更多信息的时候，问句帮了我们的忙。这时，我们所要做的就是采用恰当的形式。这样的问句常常有明显的疑问词，如“在哪儿”“谁”“什么时候”。比如在我们装修房屋时，可以问装修商：“您能否说明一下，我们装修材料的质量如何？你们什么时候能完工？”然后，再通过询问的方式了解一下市场行情，收集信息，最后作出决定。当对方推迟完工时，我们可以问：“请您告诉我，为什么不能按时完工？”可以说问句的形式，最基本的作用就是从对方那里获得信息，只是针对不同的对象、不同的目的，表达方式有别罢了。

（3）劝说他人。当要劝说他人的时候，可以采用提问的方法，先从外围谈起，声东击西，在对方不经意中，让对方自己说服自己。

墨子是春秋战国之交的思想家。他为了劝说楚惠王不要攻打宋国，首先对楚惠王发问：“听说有这样一个人，自己华美的车子不坐，却要偷窃别人的破车坐；自己有绫罗绸缎不穿，却穿着偷来的破衣裳；自己有鸡鸭鱼肉不吃，却偷吃邻居的糟糠烂菜。

你说这算是一种什么人呢？”楚惠王很好笑地说：“这个人必定有偷窃的癖好。”墨子接着就分析了楚国与宋国的情况，指出“楚国要攻打宋国，人家也会认为大王和偷窃者有共同的癖好”。听了墨子的话，楚惠王至少在口头上便不得不折服了。

针对大家关心的问题设问。当我们要劝说某人听取自己的意见时，可以就大家关心的问题发问。当听者感受到与自己的切身利益有关时，就会斟酌我们的意思。

里根在与卡特竞选总统时，为了说服听众支持自己，对听众这样讲道：“每一个公民在投票之前都应该好好想一想这样几个问题：你的生活是不是比四年前改善了？你到商店里去买东西时，是不是比四年前更方便了？美国的失业人数是不是比四年前减少了？美国在国际上是不是比四年前更受尊重了？”里根提的问题，关系到每一个人的利益，之后他的支持率明显上升。

3. 用问句作答

（1）用问句延缓回答。当我们被他人紧紧追问时，或者是对别人问的问题，一时还不知道如何回答时，我们需要时间来缓解一下。我们可采用问句的形式，一边延缓回答，一边思索对策。比如，当我们被对方一个接一个的问题弄得应接不暇时，我们可以说：“请把你的话再说一遍好吗？我没听清楚。”这样来一下停顿。我们还可以要求对方：“你能说慢一点吗？”以获得更多的时间调整自己。如果对方问的问题，我们还没想清楚如何回答，我们可以这样说：“这个问题。我暂时还不能回答，你可以等一等吗？”如果对方已把自己的观点讲得很清楚，我们一时不知道是同意好，还是不同意好，可以这样回答：“是吗？原来是这样？”用这样的问句先附和一下对方，一般来说，在这种情况下，对方是不会深究的，我们这样附和一下，也就过去了。

（2）问倒对方。在话题遇到争论的时候，如果我们能问倒对方，对方会因一时答不上来而阵脚慌乱，我们的机会就来了。

在首届国际华语大专辩论会“艾滋病是医学问题，还是社会问题”上，正当双方难分难解之时，反方突然发问：“我倒想请对方辩友回答我一个很简单的问题，今年世界艾滋病日的口号是什么？”正方一时不知道怎么回答这个问题，为了不使场上失分太多，勉强地胡乱答道：“今年的口号是‘更要加强预防’，怎么预防呢？要用医学的方法去预防啊。”反方立即指出：“错了！今年的口号是‘时不我待，行动起来’，对方辩友连这个基本问题都不知道，怪不得谈起艾滋病问题来还是不紧不慢的。”因为正方被反方问倒，场面上一时间出现了被动，而反方出现了主动。

（3）反问作答。反问作为一种修辞手法，最主要的特点是正话反说。用肯定形式表达否定意思，用否定形式表达肯定意思，这种表达效果能起到强调作用，使表达的意思更为明确有力，同时还有一种令人无法辩驳的势头，语气逼人。反问在谈话时用得好，更能增强自己的说服力。有时候，我们受到恶意攻击，如果要给对方讲道理，对方做出一副气势汹汹的样子，根本不容你讲道理，倒不如来个反问法，让对方说出的话，正好给我们找到一个还击的机会。

一个文化名人的儿子和一个农民的儿子同时爱上一位姑娘，文化名人的儿子很嫉妒，总想找个机会报复一下。一天，三个人偶然相遇了，文化名人的儿子高声地对农民的儿子说：“据说，你父亲是农民，对不对？”农民的儿子回答说：“是的。”文化名人的儿子立即就说：“那他为什么没把你培养成乡巴佬？”农民的儿子不慌不忙地说：“据说，你父亲很有风度，对不对？”文化名人的儿子自傲地说：“是。”农民的儿子反问道：“那他为什么没把你培养成有风度的人？”农民的儿子的反问，给了对方狠狠的一击，让对方落荒而逃。反问讽刺对方。这种方法讽刺犀利，令对方无法躲藏。

妇女总喜欢把自己说得年轻，有一位老妇人已经是满头白发，还对她的朋友说：“你知道吗？我和我的妹妹加起来一共六十六岁。”她的朋友立即惊叫道：“哎哟哟，难道你把一个如此小的妹妹丢在家里放得下心吗？”这位老妇人有意表白自己的年轻，她的朋友故意惊叫，直接讽刺了她的虚荣心。

让对方回答。当别人提的问题我们从正面回答显得语气不够强烈时，可以采用反问的方式，让对方在我们的反问中自己去回答。这样回答的力度，胜过长篇大论。

为人在世，应当不耻下问。只要善于运用问的艺术，就能达到预期的目的。

说话一定要得饶人处且饶人

俗话说：“饶人不是痴汉。”因此，当双方的争论已到剑拔弩张的时候，占理得势的一方应当有“得饶人处且饶人”的风范，切忌穷追猛打，将对方逼入死胡同。否则，不仅不能辩赢对方，反而会扩大矛盾冲突。当然，“饶人”也要讲究语言艺术，力求在无损于双方面子和尊严的情况下达成妥协。要做到这一点，语言方式和语言内容的选择是否恰当，就显得格外重要了。具体说来，饶人的技巧主要有以下几种。

1. 息干戈，妙提难题巧服人

在双方激烈的争辩中，占理的一方如果认为说理已无法消除歧见，不妨采取一种“外强中干”的警示性语言中止争论，将一个两难选择摆在对方面前，就能收到警心诫人、平息干戈的效果。

生物学家巴斯德，一次在实验室工作时，一个男子突然蹿进来，指责他诱骗了自己的老婆。争论中对方提出决斗。清白无辜的巴斯德，完全可以将对方赶出门去，或者奋起决斗，但是那样并不能解决问题，甚至会造成两败俱伤的恶果。这时候巴斯德沉着地说：“我是无辜的……如果你非要决斗，我就有权选择武器。”对方同意了。巴斯德指着面前的两只烧杯说：“你看这两只烧杯，一只有天花病毒，一只是净水。你先选择一杯喝掉，我再喝余下的一杯，这该可以了吧？”那男子一下子怔住了，陷于难解的死结面前，只得停止争论与挑战，尴尬地退出了实验室。

正是巴斯德提出的绵里带刺的难题，才使决斗告吹，干戈止息。

2. 化窘迫，类比影射巧暗示

一般说来，争辩中占有明显优势的一方，千万别把话说得过死过硬，即使对方全错，也最好以双关影射之言，迫使对方认错道歉，从而体面地结束无益的争论。

一位顾客在一家餐馆吃饭，发现汤里有只苍蝇，不由得大动肝火。他先质问服务员，对方全然不理。他找到餐馆老板，抗议道：“这一碗汤，究竟是给苍蝇的还是给我的，请解释。”那老板只顾训服务员，却不理睬他的抗议。他只得暗示老板：“对不起，请您告诉我，我该怎样对这只苍蝇的侵权行为进行起诉呢？”老板这才忙换来一碗汤，并谦恭地说：“你是我们这里最尊贵的客人！”

显然，这个顾客虽理占上风，却没有对老板纠缠不休，而是借用所谓苍蝇侵权的类比之言暗示对方：“只要有所道歉，我就饶恕你。”这样，自然就十分幽默风趣又得体地化解了双方的窘迫。

3. 平怨气，以柔克刚巧警心

争论中得势的一方，欲以理服人，一方面需要据理力争，同时也需要智取。其中，以柔克刚的语言常常能使对方陷入碰软钉子的境地，不失为一种结束争论的有效手段。

有一对夫妻，丈夫趁妻子回娘家之际，邀请自己的哥儿们在家吃喝玩乐，弄得杯盘狼藉，全都醉倒在床上。妻子回来后，见状立即拿出主妇的威风，大喊：“都给我起来！”自然，丈夫的哥儿们前脚一走，后脚便是夫妻间的“内战”爆发。两人针锋相对，寸步不让，争吵得十分激烈。丈夫怒不可遏，高高地举起一只手，正欲打下去，那妻子却突然笑道：“好，好，没想到你还真进入角色了……你打吧，这一巴掌打下去，你会后悔一辈子的！”说也奇怪，此言一出，丈夫那高举的手掌便悄然收回，一场冲天怒气也化为乌有了。

妻子的话不软不硬，却颇具警心的威慑力——哀怨也有，愤怒也有，警示也有，仿佛灭火器一般，化解了无理一方的怨气与冲动。

4. 搭台阶，“你好我好”巧圆场

生活中，有些人特别固执己见，常为些小事同别人争论，且火药味浓烈。这时，有理的一方应有饶人的雅量，可以一面解释一面折中调和，最好使用不带刺激性的“各打五十大板”或者“你好我好”的语言，避免冲突扩大。

有位先生上岳父家吃饭，进餐时翁婿两人聊起了一条高速公路的修建问题。那先生强调：公路的进度一再推迟，是有关方面的一个严重错误；而岳父则不同意，认为公路本来就不该兴建。两人你一言我一语，争论渐趋激烈。那位泰山大人把问题扯到“年轻人私心重，没有环保意识”上面，显然是在批评女婿。那先生怕再争论下去伤和气，便开始缓和下来，婉转地说：“可能我们的看法永远也不会合辙，可是，那没有什么。也许我们都是对的，也许我们都是错的，这也是未可知的事。”

一席话，不仅给自己搭了台阶，也给对方打了圆场，避免了双方争论不休、矛盾扩大，影响感情。试想，如果那先生意气用事与岳父争论下去，结果会如何呢？很可能惹火老岳父，被臭骂一顿。

5. 息怒火，诚恳解释巧劝慰

人和人之间相互发火争辩，不少是因为互不了解、有失沟通造成的。这时，得理的一方最好是多加解释、设法沟通或者道歉、劝慰，与对方达成谅解或共识。

一家医院里，病人挤满了候诊室，一个病人排在队伍中，将手上的报纸都看完了也没有挪动一步。于是他怒火万丈，敲着值班室的窗户对值班人员大喊：“你们这是什么医院？这么多人排队你们看不见吗？为什么不想办法解决？我下午还有急事呢！”值班员面对病人的怒火，耐心解释说：“很抱歉，让你等了这么久。

是这样的，医生去手术室了，抢救一个危重病人，一时脱不了身。我再打电话问问，看看他还要多久才能出来。谢谢你的耐心等候。”

患者排长队得不到及时诊治，责任并不在那个值班人员身上，但是面对病人的错怪，他却沉住气，一面解释，一面劝慰，这就比以怒制怒、火上添油的回答好多了。

6. 除蛮横，宽以待人巧自责

争辩中可能会遇到蛮横无礼者。面对这种人，若只用以恶制恶的方式，常常会上当。这时候，平息风波的较好方式，莫过于得理者勇敢地站出来，以自责的方式对抗恶人恶语，这也是以柔克刚的有效手段。

有一个商场营业员，遇一中年男子退电饭锅。那锅已经用得半新半旧了，他却粗声粗气地说：“我用了一个多月就坏了，这是什么鸟货？你再给我换一只！”营业员耐心解释，他却大吼大嚷，满口脏话，说：“我来了你就得给退，光卖不退算个屁！”营业员虽然占理，但为了不使争吵继续下去，便温和地对他说：“这只电饭锅已经使用了一段时间，又没有质量问题，按规定是不能退的。你执意要退，那就卖给我好了。”就在她掏钱的时候，粗暴的男顾客停止了争吵，悄然离去。

显然，营业员的宽容与自责起了良好作用，反衬出对方的无理和卑劣，从容地制止了事态的扩大。

7. 止争吵，幽他一默巧解纷

人与人相处，发生争吵在所难免，甚至夫妻那样的亲密关系，也不会例外。这时候，最好的方式是使用调侃、幽默的言语，浇灭对方的怒气，达到释疑解纷的效果。

有一女子虚荣心重，当夫妻商量出席友人的婚礼时，她缠着丈夫要买一种昂贵的花帽。此时正值夫妻闹“经济危机”，丈夫自然不肯答应。争吵中，妻子赌气地说：“人家小喜和小金的爱人多大方，早就给她们买了这种花帽，哪像你，小气鬼！”丈夫不愿争论，只是故意夸张地说：“可是，她俩要是有你这样漂亮，还用买帽子装饰吗？”妻子一听这幽默的赞语，不觉转怒为笑。

一位男子彻夜未归，次日才幽灵般地回到家中，妻子埋怨了几句，两人便你一言我一语地吵起架来。忽然，妻子说：“算了，没什么了不起，男人晚上不回家都成时髦了！我唯一要提醒你的是：‘熟悉的地方还是有风景的！’”

那妻子虽然占理，却没有去“痛打落水狗”，只是调侃了几句，便使一场冲突体面地结束了。

饶人的方法还有很多，只要平时多加注意，及时总结，适时应用，就可以避免冲突升级，化危机于无形。

与其争辩不如不辩

在谈话的时候，无论多么小心，也有失策的时候，何况在许多时候我们又都是有口无心。如果不及时处理，只会造成更大失误。所谓“走为上策”，就是在非常不利的情况下，如果一味地纠缠不休，就会越陷越深，无法挽回，不如采用简单明了的方法，及时地避开，走为上策。只要找准时机，采取主动撤出的方式，就不至于陷入被动。

一般而言，主动撤出的方式有如下三种。

1. 及时撤出

在谈话过程中，一旦发现自己有可能会陷入无法摆脱的困境时，就应及时撤出。这种情况一般有如下三种。

（1）话题对我不利时。在谈话时，话题对我们不利的情况很多，当话题有可能触及我们的隐私而我们不好进行反击时，当我们将被驳得体无完肤而无法反击时，当我们即将面临自相矛盾而无法自圆其说时，就应及时撤出，避免陷入危险境地。

公司的王经理和李经理关系不和，虽说还没有到彼此拆台的程度，但是谁也不愿听到别人说对方的好。有一天，办公室的小仁和来访客户谈论李经理的办事能力，小仁很是赞赏李经理，正在这时王经理进来了，可是那位客户不明白李经理和王经理的关系，还不住地追问。如果再继续下去，小仁就会得罪王经理。这时，小仁应顾左右而言他。

（2）话题对他人不利时。在谈话时，由于我们不明晓，在无意中即将给对方造成难堪局面，一旦有所察觉，就应及时撤出。

有一次，在列车上，大家谈起了如何照顾老人的事，一位说：“老人总是希望儿女待在自己的身边，可是做儿女的工作实在是太忙。”另一位也有同感地说：“是啊！老人就是越老越小，要把老人当小孩看。”大家你一言我一语，谈起了老人的话题，后又由此回忆起幼时父母的趣事，大家正说得起劲，可是有一位坐在那里，始终没说一句话。有一位谈得很高兴的女士顺势问道：“你的父母呢？”始终没说话的那位，显得坐立不安，言辞闪烁，原来她从生下来就没见过母亲的面。这对于她来说是个沉重的话题，问话的那位隐隐约约地感觉到了其中的缘由，立即岔开了话题。

（3）话题不符合当时的气氛时。在谈话时，由于话题不定性，而且有可能从一个话题转入另一个话题，谁也不会想到，谈着谈着，就与当时的气氛格格不入，这时也应及时撤出。

胡君和丁君同去参加同事的婚宴。在婚宴上，大家都祝新婚夫妇早生贵子。丁君像突然想起什么事似的对胡君说：“你的孩子怎么样了？”原来胡君这阵子一直都在为他的孩子犯愁，他的孩子被诊断出患了脊椎病，所以丁君的话触动了他，大家都显得有些沉重。这就显得与当时本该是喜庆的气氛不和谐，大家及时转移了话题，又都有说有笑起来。

2. 顺梯而下

顺梯而下，是指依据当时有利的时机，只要有可能，不可更多地纠缠，顺势而下，不需要特意地去找，自然而然，做得巧妙，不会引起他人的注意，自己依然保持着主动的局面。顺梯而下，可以有以下两种表现。

（1）顺着话题而下。有时候，一个话题要进行下去，可朝着多种方向发展，我们可以有意识地将话题引入有利于自己的方向，然后顺着话题及时撤出去。

在一次师生座谈会上，师生之间聊起了如何面对自己弱点的话题。会议进行得很温和，从不指名道姓，遇到要举事例的时候，也是以假设开始，诸如“假设你有什么弱点，你该怎么做”。可是后来会议特意留出了一定的时间，让学生就不懂的问题向在座的老师请教。一位同学站起来向一位姓何的老师提问：“当一个人遇到了非常难堪的事情，他可以正视它，战胜它，但也可以逃避它，哪种方法更好些呢？”何老师首先肯定了这位同学合理的分析，说：“正视它，战胜它！”这位同学接着又问：“能不能问您一个隐私的问题……”正在那位同学还在犹豫该不该问时，何老师说话了：“既然是隐私问题，就不好当着众人的面讲，如果你感兴趣，会后，我们可以私下里谈谈。”

在这里，如果何老师让那位同学把话说下去，接下来肯定会使自己左右为难，不如顺着对方的话音，巧妙地撤出去，不在原来的话题上打转。

（2）顺着他人解围而下。在谈话中，如果因为我们自己的难堪，造成整个气氛的不和谐，可能会有知趣的人站出来，及时替你解围，这时，就应该抓住时机，顺着他人解围及时撤出。

小明喜欢和他人诡辩，并且以此为乐事。一天将近中午吃饭时分，小可深有感触地说：“人是铁，饭是钢，一天不吃饿得慌。”小明接着说：“这句话就不对了，据科学分析，人是可以饿七天的。”小可说：“那你饿七天看看。”小明接着说：“这句话，你又错了，你也可以饿七天的。”小可说：“我才不那么傻呢，只有疯子才干这样的蠢事。”小明又说：“历史上，很多当时被认作疯子的人，后人把他们看作伟人。”小明就这样无限地推演下去，哪知小可的个性淳朴，不喜欢这样饶舌，后来就有点无法忍受了。这时小可的好友小冬见状，凑过来说：“我们的小可最大的‘优点’，就是说错了话还不承认。”小可接过话头说：“小冬真是了解我。”说着对小明一笑，走开了。

3. 低调退出

在谈话时，如果我们不得不撤出时，也可以采用低调的方式。所谓“低调”，就是自己明知要走了，就不要故作高昂的姿态，甚至可以自我解嘲。自己贬低自己是聪明的做法，等到被别人贬低，就会非常尴尬。

（1）借言他事。借言他事，其实就是一种借口，不过它不是事先准备好了的，而是即时产生的。借言他事，一走了之，虽然看起来有点狼狈，不过用得好，并不会引起别人对自己这种“狼狈”相的反感，反而会因为自己适时而退网开一面。借言他事的方式很多，不拘一格，诸如，当我们无法说下去的时候，可以像突然想起什么事似的说：“对了，差点忘了，我还有点事，得先行告辞。”或者对面正好走过来一个熟人，可以及时地说：“来，我给大家介绍一下……”或者正在这时，自己的手机突然响了，可以走出去接个电话，回来之后再对他人致以歉意，如“不好意思”之类，利用谈话的中断，转移到别的话题上。

（2）自我调侃。由于我们的过失，造成谈话中间出现了难堪，这时我们不要责备他人，还是找找自己的责任，采用自我调侃的方式低调退出吧。

有一次，十多年没见的老同学聚会，因为大家都是好朋友，所以说起话来直来直去。有一位男同学打趣地问一位女同学：“听说你的先生是大老板，什么时候请我们到大酒店吃一顿？”他的话刚说完，这位女同学立刻不安起来。原来这位女同学的丈夫前不久因发生意外去世了，但这位开玩笑的男同学并不知道，因而玩笑开得过了一点。旁边的一位同学暗示他不要说了，谁知这位男同学偏要说，旁边的那位同学只得告诉他真实的情况，这位男同学可谓无地自容，非常尴尬。不过他迅速回过神，先是在自己脸上打了一下，之后调侃地说：“你看我这嘴，几十年过去了，还和当学生时一样没有把门的，不知高低深浅，只知道胡说八道。该打嘴！该打嘴！”女同学见状，虽有说不出的苦涩，但仍大度地原谅了老同学的唐突，苦笑着说：“不知者不为怪，事情都过去了，现在可以不提它了。”男同学便忙转换话题，从尴尬中解脱出来。

当我们处于类似的由于我们自己的原因造成不好下台时，最好的办法就是：不要死要面子活受罪，可以采用自我调侃的办法，来得真诚一点。像上面的那位男同学，表达自己真诚的歉意，而对方也不会喋喋不休地责备我们，相反还会因为我们的真诚，一笑而置之。

（3）巧语解难。让人下不了台的事大多发生在人们料想不到的时候，但是，只要能及时转换角度，巧说妙解，不但能给自己找个台阶，甚至能给生活增添某种乐趣。

有一对夫妻因小事争执不下，在家吵闹不休。正当妻子向丈夫做狮吼状时，有一位朋友来访，丈夫尴尬得无地自容。好在妻子也顾及丈夫的面子，看朋友到来连忙改口，但对丈夫来说，终究一时无法从窘境中摆脱。朋友见状，笑着说：“听你俩交流还挺热烈，我来得可真不是时候啊！”此话一出，其妻先红了脸，无语离去。丈夫马上调侃地对朋友说：“打是亲骂是爱，我们刚才是在打情骂俏呢！别看她刚才那么凶，其实正表示她对我的关心，不信你问她。”这时妻子从里屋出来也与朋友打哈哈，争吵便化为云烟。

丈夫的“打是亲骂是爱”，把他和妻子的争吵说成一种“亲”

和“爱”，朋友自然不会信以为真，但这样，转换了角度，给自己找了一个台阶，也似乎多了一些生活情趣。想来，朋友走后，他们也不会再争吵了。

（4）打住法。在谈话中，当我们需要撤出时，还可以主动要求对方打住，虽然这等于在向对方认输，但它不是真正意义上的输。我们要记住，跟我们谈话的并不时时刻刻都是我们的敌人，对方不会因此而穷追不舍，而我们的心里也不会留下“输”了这个既成事实的阴影。

多年不见的老朋友，一见面总喜欢相互打趣，甚至互揭老底儿，口无遮拦。有一次，徐君去参加一个会议，没想到在会议上，出人意料地遇到了两位多年没见的老同学——陈君和田君，他们也是应邀来参加会议，大家都格外高兴。会议结束后，大家坐到一起闲聊，说着说着，就说到了当年在校时的是是非非。其中有一件事，徐君至今还没弄清楚，本来也不在意，可是经老同学东扯西拉，旧话重提，徐君就问另两位：“你们清楚吧？那是怎么回事儿？”另两位都参与了此事，而且田君还在其中充当了不光彩的角色，因此陈君就没接话茬，是田君开口解释，说到后来，就说到自己身上，不好再往下讲，就对另两位说：“这话就说到这儿，就此打住吧！”徐君也意识到了再说下去，田君就有点不好看了，主动将话题一转，又高兴地聊了起来。

俗话说：“识时务者为俊杰。”当你陷入困境时，切记不要死撑。有时，退是最好的策略，退一步海阔天空。

第2章

说话如煲汤要掌握火候

我们在与人交谈和来往中，不要自以为是、出言不逊，不要打听干涉别人的隐私、评论他人的是是非非，不要无事生非、捕风捉影，也不要东家长西家短，更不能听风就是雨，左右摇摆。如满嘴污言秽语，不但伤人，而且有损自身形象，迟早会被别人憎恨和报复。

避免口不择言

“你会说话吗？”这样问你，你一定觉得可笑，只要是正常人，说话谁不会？可实际上问题并没有那么简单。先看下面的例子：

一剃头师傅家被盗劫。第二天，剃头师傅到主顾家剃头，愁容满面。主顾问他为何发愁，师傅答道：“昨夜强盗将我一年积蓄劫去，仔细想来，只当替强盗剃了一年的头。”主人怒而逐之，另换一剃头师傅。这师傅问：“先前有一师傅服侍您，为何另换小人？”主人就把前面发生的事细说了一遍。这师傅听了，点头道：“像这样不会说话的剃头人，真是砸自己的饭碗。”

有一人请客，四位客人有三位先到。这主人等得焦急，自言自语道：“咳，该来的还没来。”一客人听到了，心中不快：“这么说，我就是不该来的来了？”告辞走了。主人着急，说：“不该走的又走了。”另一客人也不高兴了：“难道我就是那该走又赖着不走的？”一生气，站起身也走了。主人苦笑着对剩下的一位客人说：“他们误会了，其实我不是说他们……”话未完，最后一位客人也走了。

你看，说话是简单的事吗？如果我们说话时不假思索，就可能伤人败兴，引起误解。我们要注意说话的场合、对象、气氛，不要随意就说。像有些人去菜市场，问卖肉的："师傅，你的肉多少钱一斤？"或饭馆服务员上一盘香肠，说："先生，这是你的肠。"这类生活中的笑话，我们要注意避免。

明人吕坤认为，说话是人生第一难事。像上面所说的情况，还不是太难的。只要注意语言修养，慢慢就会改善我们说话的纰漏和不足之处。说话难，而说真话说实话更难。

春秋时，齐国的晏子经常劝谏齐景公。一次，齐景公的一匹爱马暴死，齐景公大怒，命令手下把养马人肢解。这时，晏子刚好在齐景公身旁，见手下持刀斧而进，晏子说："大王，先让我代您说说这养马人所犯之罪，然后再处死他，这样才能让他心服。"齐景公说："可以。"晏子就开始历数养马人三大"罪状"：国君让你养马你却把马养死了，这是死罪之一；死的是国君最喜爱的马，这是死罪之二；你让国君因为一匹马而杀人，百姓知道了，必定怨恨国君，邻国知道了，必定轻视我们的国家，这都是因为你使马死了造成的，你真是罪有应得呀！齐景公明白了道理，说："把养马人放了，不要因此伤害了我的仁政。"

如果晏子不绕着弯子让齐景公明白人比马更重要，而且直接指责齐景公做得不对，不应为一匹马而去杀人，那么，气头上的齐景公不仅不会听从，甚至连晏子自己也可能因直言而获罪。由此可见，说话讲究技巧的重要意义。

说话讲求一些技巧，这是我们需要学习的，但这并不意味着我们可以放弃原则，指鹿为马，曲意逢迎。如果违心地说话，那技巧就变成了恶行。崔永元说得好:“也许有一天我们会讨论技巧，我们用酒精泡出了经验，我们得意地欣赏属于自己的一份老练时，发现我们丢了许多东西，那东西对我们很重要。”

晏子很会说话，但前提是坚持了原则，我们不能为技巧而牺牲原则和人格。

恭维要有度

说话恭恭敬敬，对人客客气气，这是人的一大美德。但若不分青红皂白地恭维他人，对人过度客气，那就物极必反了。

客气话是表示对他人的恭敬或感激，不是用来敷衍朋友的，所以要适可而止，多用就流于形式、虚伪了。有人替我们做一点小小的事，比如借了支钢笔给我们用，我们对他说声“谢谢”就够了，如果说“啊，谢谢你，真的谢谢你，真使我觉得过意不去，实在太感激了”等一大串，那谁听了也不会觉得舒服。

说客气话的时候要充满真诚，把平时对朋友的客气话说得坦率一点，必定可以享受到真挚友谊之乐。像背熟的成语似流水般泻出来的客气话，最容易使人生厌。说客气话时，态度要尽量温文尔雅，不可有急促紧张的状态。还有，说客气话时要保持身体的均衡，过度地打躬作揖，摇头摆身，并不是“雅观”的动作。

另外，缺乏诚意的恭维话也会令人生厌。如果我们在日常的交谈中，开口即是“久仰大名，如雷贯耳”“小弟才疏学浅，请阁下多多指教”等缺乏感情的、完全公式化的恭维话，则又刻板又古老，定不能引起听者的好感。

凡说恭维赞美的话，一定要切合实际，而且要言之有物。比如到别人家里做客，与其不切实际地乱捧主人一场，不如赞美主人房间布置得别出心裁、壁上的一幅上乘之作或盆栽的精巧。若要赢得主人的喜欢，我们就要尽量发现他的兴趣并加以发挥。若主人爱狗，不妨赞美他的狗；若主人爱金鱼，则不妨说说自己如何欣赏那些鱼的美丽。赞美别人最近的工作成绩、最心爱的宠物、最费心血的设计，比说上许多无谓虚浮的客气话更为令人高兴。特别关心别人的某一种事物，必使人在欣喜之外还觉感激。

说话一定要谨慎，恭维他人的话尤甚。我们若以为恭维的话不会得罪人，可以乱说，那就大错特错了。不切实际的恭维话、言不由衷的恭维话，都很容易闹出是非，正如我们不能随便见到妇人就赞美她漂亮一样——倘若这个女人明知自己实在称不上漂亮时，心里会觉得我们是在笑话她，定会生气。女人，我们可以赞美她漂亮，或说她活泼，或说她苗条，或说她健美，或赞美她有才智，或说她幽默，等等。同是女人，各有所长，虽是赞美，也要加以选择。

总之，恭维他人的话，一不能乱说，二不能常常不分对象用同一的说法，三不能多说。

不过谦，也不自夸

人们最不喜欢的人中，有一部分是好在别人面前夸耀自己的人。

当我们有一件值得称赞的事情被人发觉之后，人们自然会予以称颂；但若我们自我夸耀地叙述出来，只会得到别人的反感和轻视。

在我们一生中是否说过如下的话呢？“幸好他听从我的指点，否则他是不会有今日的成就的”、“这帮家伙都是蠢东西，不知他们整天忙什么，我毫不费力就把它研究出来了”“你瞧，我这事做得多漂亮！你能够和我比吗？”……这一句句夸耀的话，犹如一粒粒恶的种子，从我们的口中出去，种在别人的心里，滋长出憎厌的幼芽。

爱自我夸耀的人，是找不到真正的朋友的。因为他自视清高，鄙视一切，不大理会别人的意见。这种人只会吹牛，朋友们避之唯恐不及。这种人常自以为最有本领，觉得干什么都没有人比得上他，往往瞧不起别人，结果往往使自己成为孤立者。

常言道："面子是别人给的，脸是自己丢的。"这话足以发人深省。一个人若真正具有某种本领或才智，是自然会得到别人的公正赞许的，这赞美的话若是出自别人之口，才具有真正的价值。一个人总是对自己的成绩自吹自擂，夸大其词，其实是一件很丢脸的事。凡是有修养的人，都不随便评价自己，更不会夸耀自己。他们很明白，个人的事业行为，旁人看来是清清楚楚的。好坏别人自有公论，不必自吹自擂，与其过分夸耀自己，不如表示谦逊。

我们要记住，世界上本没有多少值得自我夸耀的事。如果有成绩自己不吹，别人也会来称赞；如果自己说过头了，别人就自然瞧不起你了。

说话不要伤害人心

说话时千万不可以冲撞别人的忌讳。因为冲撞别人的忌讳，极易造成交际的失败，也会浪费你的一片苦心，从而引起别人强烈的反感。因此，了解他人的忌讳是在人际交往中左右逢源、游刃有余的不可忽视的环节。

忌讳主要有生理忌讳和心理忌讳两种。

1. 生理忌讳

一些有生理缺陷的人都会对他们的生理缺陷非常敏感。因此在与这类人交往时，要特别谨慎。不要对秃顶的领导说："你真是聪明绝顶。"也不要对缺胳膊的领导说他"两袖清风"。也尽量不要当着腿部有残疾的人赞美别人说"我佩服得五体投地"之类的话。这样会使他们心里不悦，甚至误以为你有意嘲笑他。但一般说来，生理缺陷比较容易发现，只要稍加留意便可避免。

2. 心理忌讳

心理忌讳往往是因为一些特殊的经历所形成的，那些不愉快的记忆隐藏在人们的心中，无形中会形成一种忌讳。

有一位下属给他的领导祝寿，当着众人的面，他向领导作祝词时说："希望我们的王厂长将来能大富大贵、儿孙满堂。"一席话说得王厂长脸色发青。原来王厂长的儿子刚刚在车祸中过世，其妻子也没有再生育的能力，而这位下属初来乍到，并不知情。这位厂长却以为他故意嘲笑他断子绝孙，因此不顾贵宾云集，竟摔杯而去，弄得这位下属好不尴尬。这位下属虽然并不是有意，却冲撞了王厂长的忌讳，结果弄得不欢而散。

在与朋友相处时，有时会因为二人关系密切，习惯成自然，对对方的忌讳满不在乎，结果往往使朋友陷入尴尬的境地，有时甚至会使二人的感情破裂。

钱英和张敏是一对形影不离的好朋友，二人私底下无话不谈。在一次同学聚餐上，钱英一时兴起，笑着对大家讲了张敏暗恋班上某男生的事，而那位男生已经有了女朋友，当时也都在场，一时间，弄得张敏下不了台，气着跑开了。这就警示我们，千万不要在众人面前暴露好朋友的隐私，既然是隐私也就是不愿意让他人知道，如果让他人知道就冒犯了朋友的忌讳，是很不够朋友的表现。

在与他人交谈时，应该对于交谈对象的一些忌讳有所了解，千万不要自讨没趣地往人家枪口上撞，否则，你只有吃不了兜着走。

开玩笑要把握尺度

几个好朋友聚在一起时，大家开开玩笑，相互取乐，说话不受拘束，本是一件让人高兴的事。不过凡事有利也有弊，乐极生悲，因开玩笑而使朋友不快的事情也常常遇到。因此，有的人竟认为谈话时开玩笑应该避免，这是大可不必的。如果好朋友见面连开玩笑的话也不许说，那么生活也未免太乏味了。所以，生活中我们真正要注意的是开玩笑的方法，即不开过头的玩笑。

那么，开玩笑之前，你先要注意你所面对的对象是否能受得起你的玩笑。一般来讲人可分为三类：第一种，狡黠聪明。第二种，敦厚诚实。第三种，介乎两者之间。对第一种人，即狡黠聪明的人开玩笑，他不会使你占便宜的，结果是旗鼓相当，不分高下。第二种，敦厚诚实者，则无还击之计，亦无抵抗之力，这种人喜欢和大家一齐笑，任你如何把他取笑，他脾气绝好，不会动怒。对第一、二种人，你可以看看对方的情形，而知道能否开玩笑。唯有介乎两者之间的那种人，最应认真对待。这种人大概也爱和别人笑在一起，但一经别人取笑时，既无立刻还击的聪明机智，又无接纳别人玩笑的度量，如果是男的则变为恼羞成怒、反目不悦，如果是女的就独自痛哭一顿，说是受人欺侮。所以开玩笑之前，要先认识对方，最为安全。其次，要适可而止。开玩笑，一两句说过便完了，不要老是开一个人的玩笑，也不要连续开好几个人的玩笑，不然你必招来非议。

开玩笑本来是一种调解谈话气氛的良好方式，但使对方太难堪了，亦非开玩笑之道。你笑你的同学考试不及格，你笑你的朋友怕老婆，你笑你的亲戚做生意上了当而蚀本，你笑你的同伴在走路时跌了跤……这些都是需要同情的事件，你却拿来取笑，不仅使对方难以下台，且表现出你的冷酷。同样，不可拿别人生理上的缺陷来做你开玩笑的资料，如斜眼、麻面、跛足、驼背等，面对别人的不幸，你应该给予同情才是。如果在谈话的人中，有一位在生理上有缺陷，那么在谈话中，最要避免易使人联想到缺陷方面去的笑话。

例如，有一天，几个同事在办公室聊天，其中有一位李小姐提起她昨天配了一副眼镜，于是拿出来让大家看看她戴眼镜好看不好看。大家不愿扫她的兴都说很不错。这时，同事老王想起一个笑话，便立刻说出来："有一个老小姐走进皮鞋店，试穿了好几双鞋子，当鞋店老板蹲下来替她量脚的尺寸时，这位老小姐是个近视眼，看到店老板光秃的头，以为是她自己的膝盖露出来了，连忙用裙子将它盖住，立刻她听到了声闷叫。"浑蛋，"店老板叫道，"保险丝又断了？"

接着是一片哄笑声，谁知事后竟从未见到李小姐戴过眼镜，而且碰到老王再也不和他打招呼。

其中的原因不说自明。说者无心，听者有意，在老王想来，他只联想起一则近视眼的笑话。然而，李小姐则可能这样想：别人笑我戴眼镜不要紧，还影射我是个老小姐。

所以，说笑话要先看看对哪些人说，先想想会不会引起别人的误会。像上例老王严重地伤了一个人的自尊，却是他始料不及的。

富兰克林指出：失足可以很快弥补，失言却可能永远无法补救。

开玩笑要合时宜，要看对象，要分清场合，要尊重他人。熟人之间相处，免不了开开玩笑，这样可以融洽关系，活跃气氛，增强团结。但是，凡事都要有个分寸，开玩笑也要适“度”，不要违背礼仪。如果过了度，做出了有失礼仪的事，则其效果肯定也将适得其反。

开玩笑的“度”如何掌握呢？简单些说，要因时、因人、因内容和因场合而定。

1. 开玩笑要看时机

当别人在生活中遇到不幸和烦恼时，情绪比较低沉，常常需要的是安慰和帮助，如果这时去打趣逗笑，便不合时宜了，弄不好，人家还以为你是幸灾乐祸。即使是同一个人，在不同的时间里也会有不同的情绪。例如，工作不顺利，遭到领导批评，家庭发生矛盾等，情绪都可能会出现低落。这时，就不适宜去开玩笑。

2. 开玩笑要看对象

人的性格各不相同。有的人活泼开朗，有的人沉郁寡言，有的人豁达大度，有的人则小心多疑，对不同个性的人，要做到因人而异。同样的玩笑，对有的人可以开，对其他的人就不能开；对男性可以开，对女性就不能开；对青年人可以开，对老年人就不一定能开。如果不注意各人的特点和承受能力，就会伤害别人的自尊心，影响人与人之间的感情。本来是一次比较愉快的聚会，结果可能弄得不欢而散。

3. 开玩笑要讲究内容健康

拿别人的生理缺陷开玩笑，这是故意揭别人的“疮疤”，把自己的快乐建立在别人的痛苦之上；津津乐道男女之间的私情，绘声绘色地传播庸俗、无聊甚至下流的情节，这是在寻求感官的刺激；捕风捉影，以假乱真，把小道消息作为茶余饭后的笑料，这是种不负责任的低级趣味。凡此种种，都是属于开格调不高、内容不太健康的玩笑，是不应提倡的。开玩笑的内容一定要清新健康、风趣幽默、情调高尚，使所开的玩笑带有思想性、知识性和趣味性，使大家在开玩笑中学到知识，受到教育，得到陶冶。

4. 开玩笑要看场合

当别人专心致志地学习和工作时，不应去开玩笑，以免分散其注意力，影响别人的学习和工作。在比较严肃、紧张甚至是悲哀的场合和气氛之中，例如参加庄重的集会或重大的活动，包括平时参加各种会议时，也都不能嬉笑打闹，以免冲淡现场的气氛。在公共场合和大庭广众之下，也应尽量不要打趣逗笑，因为人多嘴杂、容易引起某些不必要的误会。

不能自以为是

在我们的周围，有些人喜欢抬杠，只要和别人一搭上话就针锋相对，无论别人说什么，他总要加以反驳，其实他自己一点主见也没有。不过当你说“是”时，他一定要说“否”，到你说“否”的时候，他又说“是”了。这是一种极坏的习惯，事事要占上风，处处自以为是。生活中，如果你不幸成了那样的人，那请认真地听从别人的告诫。

即使你真的比别人见识多，也不应该以这种态度去和别人说话。这种不良习惯使你自绝于朋友和同事，没有人愿意给你提意见或建议，更不敢向你提一点忠告。你或许本来是一个很好的人，但不幸染上了这种习惯，朋友、同事们都会远你而去了。唯一改善的方法是养成尊重别人的习惯。首先你要明白，在日常谈论当中，你的意见未必是正确的，而别人的意见也未必就是错的。把双方的意见综合起来，你至多有一半是对的。那么，你为什么每次都要反驳别人呢？

大概有这种坏习惯的人当中，聪明者居多，或者是些自作聪明的人，也许他太热心，想从自己的思想中提出更高超的见解，他以为这样可以使人敬佩自己，但事实上完全错了。一些平凡的事情，是没有必要费心进行高深的研究的。至少我们平常谈话的目的，是消遣多于研究吧。既然不是在研究讨论问题，又何必在一些琐碎的事情上固执己见呢？另外有一点应该注意，那就是在轻松的谈话中不可太认真了。

别人和你谈话，根本没有准备请你说教，大家说说笑笑罢了。你若要硬作聪明，拿出更高超的见解（即使确实是高超的见解），对方也决不会乐意接受的。因此，你不可以随时显出像要教训别人的神气。

当你的同事向你提出建议时，你若不能立刻表示赞同，但起码应表示可以考虑，不可马上反驳。假如你的朋友和你聊天，那你更应注意，太多的执拗会把有趣的生活变得枯燥乏味。

如果别人真的犯了错误，而又不肯接受批评或劝告，你也不要急于求成，不妨往后退一步，把时间延长一些，隔几天再谈，否则，大家固执不但不能解决问题，反而伤害了感情。因此，在社交中，随时考虑别人的意见，不要做一个固执的人，唯有这样才能获得人们的赞赏和喜爱。

大量事实说明，人们谈话时都有一个目的：想知道别人对某件事的看法是否和自己相同，并进一步希望别人对某件事情和自己能有相同的看法。如果别人的看法与自己的看法略有不同或大不相同，便会感到极不舒服，甚至立即不高兴起来，这是人很正常的一种情绪反应，当然这也是一种很不利于人际交往的现象。因此人们在日常交往中更应该注意的是学会控制自己的情绪，切莫自以为是，即使在别人不同意你对某事的看法时，也应该显得对此很有兴趣。

所以，当你听到别人的意见和你一样时，要立刻表示赞同。不要以为这样做会被人认为你是随声附和，因而就不吭声了。不吭声，虽然不会被人误解为随声附和，却也容易使人认为你并不同意。

而当你听到别人的意见和你不一致时，可以表示你什么地方不同意、为什么不同意，但不要太针锋相对，一味固执己见。

不能直来直去

我们在与人交往中，常常会听到这样的话："我这人是个直脾气，说错了你别见怪。"乍一听挺真诚，其实仔细推究起来，不免包含了另外一种意义，即给自己说错话或可能说错话开脱。那么既然有开脱之嫌，时间一长，难免会被听者窥破。这样一来，即使你当时确乎真心，也许还是会被对方误解，从而产生芥蒂。

因此，在我们日常谈话中，有时因为环境、气氛、心理等因素，有些内容不便直接说出来，要用婉转的语言来表达，即俗话说的转着弯说，就可以避免给对方造成不良刺激，破坏谈话的情绪，甚至使谈话无法进行下去。委婉又称婉曲、婉转，即说话者不直说本意，只是用婉曲含蓄的话来烘托暗示。

委婉和含蓄是紧密相连的，并非花言巧语，含糊其词是因为它既不是为了哗众取宠，要什么花招，也不是语言不清，态度不诚恳，不让人弄明白什么意思。它是一种富于智慧、独具魅力的表达技巧，是为某种需要而采用的办法。培根说："含蓄和得体，比口若悬河更可贵。"说明某些问题，适应某种场合，含蓄委婉的说话比直来直去让人受用得多。鲁迅有个叫川岛的日本学生，由于谈恋爱浪费很多时间，鲁迅为了提醒他，在送他的书上写道：

请你从"情人的拥抱"里，
暂时伸出一只手来，
接受这干燥无味的
《中国小说史略》……

鲁迅的题词是含蓄的批评、含笑的提醒，不露声色而又意味深长。看到这样的赠言，必然会在一笑之余陷入深思和反省。

1984 年，年已七旬的里根同年轻的蒙·代尔竞选总统。里根发表竞选演说时，有记者问："你不认为在这次选举中年龄会成为问题吗？"里根回答："我不打算利用我的对手年轻和阅历不深这一弱点。"

记者和里根的话都有"潜语"，记者认为里根年纪大了，里根认为自己有经验。短短一句话，既扬己之长，又揭人之短；既毫不留情，又委婉客气。

据说，某个企业家飞赴香港创办公司时，受到各方重视，一下飞机就有记者采访。一位女记者问他："你带了多少钱来？"企业家随口便答："对女士不能问岁数，对男士不能问钱数。小姐，你说对吗？"含蓄回避，而又幽默俏皮，比之"支支吾吾""哼哼哈哈"来掩饰，或"恕我直言，无可奉告"来拒绝，效果明显要强上百倍。

不能只顾自己说

社交中的说话，同站在教室中教课或是站在演讲台上演说有很大不同。教课和演说，只有你一个人在说话，别人不能插嘴。而社交中的说话，彼此在对等的地位，如果在这种谈话中，你一个人一直滔滔如高山瀑布，永不停止地倾泻着，那对方就没有说话的机会，完全是你说人听了。这样你肯定不会受人欢迎，甚至会被别人耻笑。

世界著名记者麦开逊说：“不肯留神去听别人说话，是不受人欢迎的第一表现。”

每个人都有着他自己的发表欲，如几个人聚在一起讲述故事，甲一个一个地讲了好几个，乙和丙谁不都是嘴痒痒的，也想来讲述一两个。可是，甲只管滔滔不绝地一个一个地讲下去，使乙和丙想讲而没有机会，乙和丙的心里一定不好受。因为他们自己没有说话的机会，专门听甲的讲话，自然会没有精神听下去，只好站起来不欢而散了。

一个商店的售货员，拼命地称赞他的货物怎样好，而不给顾客说话的机会，就不能做成这位顾客的生意。因为顾客对你巧舌如簧、天花乱坠的说话，顶多只把你看作一个生意经，决不会因此购买。反过来，你只有给顾客说话的余地，使他对货物有询问或批评的机会，双方形成讨论和商谈才有机会做成你的生意。

一位钢铁大王说：“倾听是我们对任何人的一种至高的恭维。”心理学家杰克·伍德说：“很少人能拒绝接受专心注意、倾听所包含的赞美。”所以说，注意倾听别人的讲话，而“倾听”本身就是一种“无言的赞美和恭维”。

你如果能够给别人说话的机会，也就会给人留下了一个好印象，在接下来的交谈中你就更容易乘风远扬，顺利抵达自己说话的目的地。有这样一个小故事，道理讲得很明白：

有一个卖货的小店，生意比其他店好，别人问店主为什么，他说："我只是爱听客人说话，他们有事愿到我这儿来。"

别揭他人短处

金无足赤，人无完人；凡人皆有其长处，亦必有其短处。怎样在交谈中正确对待别人的短处，这也是一门学问。

人有短处是一点也不奇怪的。有的人也许因为长久以来形成一种固有的生活方式，而其他人大都对此看不惯，这便成了他的"短处"；有的人也许在自己的生活与处事中的确有些微小的毛病，但这些毛病对他的整个对外交往是无足轻重的；有的人也许不是出于主观原因出现一些较严重的缺点，而他自己却全然无知，如此等等，不一而足。对待他人的短处，不同的人则有不同的方法。有的人在与他人的谈话中，尽量多谈及对方的长处，极力避免谈及对方的短处；也有的人专好无事生非，兴波助澜，有声有色地编撰别人的短处，逢人便夸大其词地谈论别人的短处；有的人虽无专说别人短处的嗜好，但平时却对此不加注意，偶尔也不小心谈到别人的短处。

用不同的方式对待别人的短处，所产生的效果也是截然不同的。避免谈及他人的短处，容易与他人建立起感情，形成融洽交谈的气氛；好谈他人短处的人，最易刺伤他人的自尊心，打击人某方面的积极性，还会引起他人的讨厌；不小心谈到别人短处的人，虽无意刺伤他人，但很难想象别人怎样理解你的用意，对你做出什么样的反应（一般来说易引起别人的误解与不满）。由此可见，我们在与他人的交谈中，应该尽量避免谈论别人的短处。另外，如果别人向我们谈起某人的短处，我们该如何应对呢？最好的办法是听了便罢，不要深信这种传言，不必将它记在心中，更不可做传声筒，而且还要提醒谈论别人短处的人是否对所谈的事情有所调查、确有把握。

人群相聚，都不免要找个话题闲聊。天上的星河，地上的花草，眼前的建筑，周围的山水，昨日的消息，今天的新闻，都是绝好的谈话内容，何必去说东家长西家短，无事生非地议人家的短处呢？好说人家短处是一种不道德的行为，我们必须克服。

第3章

能打动人心就是成功

巧妙地运用充满真情的话语，可以促使说者与听者产生情感上的共鸣，可以促进交流双方的关系融洽，从而形成良好的沟通氛围。充满情感的话语可以使人赢得广泛的人脉关系，为人生的成功创造有利的条件。

以真情打动人心

“山不在高，有仙则名；水不在深，有龙则灵。”人也是一样的，无论你的相貌、学历、财富、出身如何，只要你带着真实的情感与人交往，就一定可以赢得知心的朋友，从而拥有令人折服的社交舞台。

古人曰“有朋自远方来，不亦乐乎！”“最难风雨故人来”，都道出了朋友间所凝聚的真情厚谊，反映了他们肝胆相照、充满真情的交往过程。可以说，充满真情，以情暖人是交友说话打动人心的重要要素，是赢得知心朋友的重要所在。

1. 充满真情的交往

东汉时，曾有一位为人称赞的德行典范，名叫荀巨伯。此人交朋友特别讲求诚挚，重视“义”字。

有一天，荀巨伯正在房中闲坐，忽然外面有人送进一封书信，荀巨伯打开一看，是自己的远方朋友。信中说：“伯兄，别来无恙。愚弟自与兄相识，亦有几度春秋，心中感幸。古人云：‘人生得一知己足矣。’与君促膝而谈，共话世事短长，何其乐哉？奈何来去匆匆，聚时不易别时也难。千里之遥，遥不可闻，天涯咫尺，共祈明月。无奈那日染病卧床，僵直难动，抬手举目亦是疲累，念去期之不远，恐弗能与君再会，心中愈感凄凉。此修书一封，薄纸片语无以尽述其意，惟兄知之。”

荀巨伯读完信，心中一颤，来不及多想，忙收拾东西，打好包裹上了路。朋友远在千里之外，荀巨伯星夜赶程。走了好几日，来到朋友所在的郡地时，却发现此地被胡人团团围住。

当时，随他同行的人都劝他说：“最好还是别进去了，胡人野蛮，弄不好会丢掉性命的。”他却什么也没有说，自顾前行。

他潜入了城中，城中已是慌乱纷纷，荀巨伯看着慌奔的人群，望着凌乱不堪的城镇街道，心中备感凄凉，想到友人卧病在床，心中更是酸楚，急急寻找朋友居处。

当朋友睁开无力的双眼见到荀巨伯时，眼睛突然放出异彩，挣扎着颤抖的双手想坐起来，荀巨伯赶紧迎过来伸出双手将他扶住，让他不要动。朋友望着风尘仆仆的荀巨伯，泪水在瘦削得不成样子的脸庞上滚动，喉咙咕咕直响，却哽咽着说不出话来。荀巨伯握着友人枯瘦的手、望着瘦骨嶙峋的友人，也止不住掉下泪来，凄声地说：“愚兄应早早赶来才是，愚兄……”

那朋友用微弱的气力使劲摇了摇头，眼睛闭了闭，用细弱的声音说：“不，你不要这样说……在这样的时候，从那么远的地方，你却赶来看望我……我……不知该怎样感谢你才好……我……我恐怕是没有几天寿限了。现在又遭胡人侵掠，怕是城镇不保。对于一个将要死的人来说，谁来侵掠就只管侵啦，一切都无关紧要了。——可是，你必须赶快想办法离开这里，我在临死之前能够见君一面也就心满意足了。——我……不愿让你因为我的拖累而遭到什么不幸，你快走……”

说着，将手从荀巨伯手中抽出来，示意荀巨伯快去逃命。荀巨伯听完立刻说：“你这是什么话？你把我当成什么人啦？你病成这样我怎能抛下你不管呢，那还算什么朋友，你未免太看扁我啦？”那位朋友苦笑一下，泪水再次涌出，感动得说不出话来。胡人很快破城而入，四处搜索，抢掠财物，家家户户已是凌乱不堪，逃的逃，散的散，唯独有一院户秩序井然。胡人进来后见院中一切都很平静，不觉生奇，破门拥入室内，却见一人安然坐在屋中。他们进来后，那人只是看了他们一眼，随即又手端药碗给床上躺着的人喂药，这正是荀巨伯和他的朋友。

胡人当即火冒三丈，大发淫威：“我大军所到之处，人们无不望风而逃，你是何人，竟如此大胆，轻视我等，莫非你要一个人挡住我勇武大军吗？”

荀巨伯将药碗放到床边的方桌上，站起来冲胡兵们一抱拳，说“请你们不要误会，我也不是这里的人，我的家距此有千里之遥。我到这里来是为了看望这位病重的朋友，不想与贵军相逢。现在我的朋友病情很严重，危在旦夕，而由于贵军的到来，大家逃的逃，走的走，可怜我的朋友无人照料。我是他的朋友，理应在此照料，并非有意与你们作对，如果你们不肯放过我们，定要杀的话，我请求你留下我的朋友，他是一个病人，要杀就杀了我吧！”

说着，将头向前一伸。胡人听完当即全都愣在那里，面面相觑，相视无语，又看看手中亮光闪闪的钢刀。半晌，一个头领说：“想不到竟还有如此坚守道义的人,我们以不义之师侵道义之地，实乃罪过！”说着，冲其他人一挥手，“走吧！”此中真情难道不比金子贵重吗?

2. 以情感人地说话

以情感人的说话是受人欢迎，赢得良好人际的重要所在，具有极其神效的功能。下面便是一个真实的事例。

1915 年，小洛克菲勒还是科罗拉多州一个不起眼的人物。当时，发生了美国工业史上最激烈的罢工，并且持续两年之久。愤怒的矿工要求科罗拉多燃料钢铁公司提高薪水，小洛克菲勒正负责管理这家公司。由于群情激愤，公司的财物遭受破坏，军队前来镇压，因而造成流血，不少罢工工人被射杀。

那样的情况，可说是民怨沸腾。小洛克菲勒后来却赢得了罢工者的信服，他是怎么做到的呢?

小洛克菲勒花了好几个星期结交朋友，并向罢工者代表发表了一次充满真情的演说。那次的演说可称之不朽，它不但平息了众怒，还为自己赢得了不少赞誉。演说的内容是这样的：“这是我一生当中最值得纪念的日子，因为这是我第一次有幸能和这家大公司的员工代表见面，还有公司行政人员和管理人员。我可以告诉你们，我很高兴站在这里，有生之年都不会忘记这次聚会。假如这次聚会提早两个星期举行，那么对你们来说，我只是个陌生人，我也只认得少数几张面孔。由于上个星期以来，我有机会拜访整个附近南区矿场的营地，私下和大部分代表交谈过，我拜访过你们的家庭，与你们的家人见过面，因而现在我不算是陌生人，可以说是朋友了。基于这份互助的友谊，我很高兴有这个机会和大家讨论我们的共同利益。由于这个会议是由资方和劳工代表所组成，承蒙你们的好意，我得以坐在这里。虽然我并非股东或劳工，但我深感与你们关系密切。从某种意义上说，也代表了资方和劳工。”

多么出色的一番以情感人的话语，这可能是化敌为友最佳的艺术表现形式之一。假如小洛克菲勒采用的是另一种方法，与矿工们争得面红耳赤，用不堪入耳的话骂他们，或用话暗示错在他们，用各种理由证明矿工的不是，你想结果如何？可能只会招惹更多怨愤和暴行。

情之所至，金石为开

美国成功学家卡耐基劝诫所有的讲演者：不要抑制自己真诚的情感。要让听众看到，演讲人对谈论自己的题目多么热忱，多么富有情感。

每个人都有激情，只是在现实生活中，很少有机会能表现出来，加之一般人都不愿将自己的感情当众流露，因此，人们总是通过交流或者参与某种活动，在一个大家都非常投入、十分忘我的氛围中，以满足这种感情流露的需要。

其实，日常生活中每个人当众说话时，都会以自己倾注谈话的热心程度而表现出热情与兴趣。这时，我们的真情实感常会从内心里流露出来，这是一种自然的流露，也是一种易感染他人的流露。在说话和演讲上，如果我们能够调动自身的激情，以情感人，那么，听者的注意力便在我们的掌控之下，我们就掌握了开启听众心灵之门的钥匙。

世人对林肯连任总统时的一篇演说赞誉备至，称之为“人类中最光荣而最宝贵的成绩之一，是最神圣的人类雄辩的真金”。

其演说内容如下：

“我们对于大战灾祸能够早早结束，都很热诚祈求。但是，如果上帝仍欲使战争继续下去，并把世人辛苦了 250 年积下来的财富完全化尽，受过鞭笞的身体还要受一次枪刀的残害，那我们还是说：‘上帝的审判，完全是真实而公平的。’不论对什么人，我们都要慈爱而不要怨恨，我们还是遵照了上帝的意思，坚持正义；并继续努力完成我们的工作——整顿我们已经残破的国家，纪念我们战死的烈士，以及因战争而造成的孤儿寡妇，以达到人与人之间的永久和平。”

有人评价道：“林肯在葛底斯堡的演说已经十分伟大，然而他第二次就职演说，还要伟大……这是林肯一生中最感人的演说，他的这个演说，使他的智慧和精神的威力达到了登峰造极之境。”

还有人说：“这简直是一篇神圣的诗，美国历来的总统，从未对美国的民众讲过这样的话，而且美国的总统，也从不会有过一位在他的心底里找出了这样的话来。”

孙中山如果没有推翻满清、建立共和的革命大略，他的演讲怎么会激动人心？

鲁迅如果没有揭出社会的病苦，引起人们疗救的深刻意图，他的演讲怎么会震动人们的心魄？

丘吉尔如果没有誓与法西斯血战到底、决一雌雄的气概，他的演讲怎么会使人同仇敌忾、热血沸腾？

中国国家足球队前队长左树声在经历了“5·19”事件（1985年因国足比赛成绩而引发的暴力冲突事件）之后，写了一篇自述《男人就该踢球》，深情地说出了许多人的汗水和眼泪：

“我回家了，走出天津站不敢抬头。我老想着那标语：‘天津球迷进京助威！’我知道国家队一踢国际比赛，天津球迷就骑车子呼啦呼啦往北京赶。二百多里地啊！看完球随便找个澡堂子一猫，忍一宿，第二天又要跑二百多里地。图啥？盼着中国足球冲出亚洲走向世界呀！这时候，如果哪个球迷认出我，给我左树声两个大嘴巴，我决不还手……我想，人没有下辈子，要是人能有下辈子，我左树声，还踢足球！……”

虽然国家足球队仍是不争气，但相信每个看了左树声这番充满激情与真情的内心独白，都会被这袒露个性、发自肺腑、充满热血和泪水的语言所感动，所震撼。这番话是那么的朴实、简练、生动传神，足以打动每一个球迷和每一个血性之人的心肠。可见，若想讲话打动人心，唯一的方法就是以真心换真心！

缺乏激情，你所说的话就会苍白无力，枯燥无味。想打动人心，说服对方吗？那么，请先倾注你的情感。

入情入理地说服

入情入理，一方面显示说服者坦诚的态度，另一方面又尊重对方，并为对方着想。这样就使双方易于沟通，扩大了双方的共识，促使合作成功。

在说服对手时，用入情入理的说服技巧，容易招人喜欢，被人接纳。

松下电器公司还是一家乡下小工厂时，作为老板的松下幸之助总是亲自出马推销产品。松下幸之助在碰到杀价高手时，他就说："我的工厂是家小厂。炎炎夏日，工人在炽热的铁板上加工制作产品。大家汗流浃背，努力工作，好不容易制出了产品，依照正常利润的计算方法，应当是每件 ×× 元承购。"

对手一直盯着他的脸，听他叙述，听完之后，展颜一笑说："哎呀，我可服你了，卖方在讨价还价的时候，总会说出种种不同的话，但是你说得很不一样，句句都在情理之中。好吧，我就照你说的买下来好啦。"

松下幸之助的成功，首先在于他真诚的态度。他强调自己是依照正常的利润计算方法确定价格的，并无贪图非分之财之意，他也同时暗示对方无讨价还价的余地。这就使对方调整角度，与其达成共识。

松下幸之助的语言充满情感，他描绘了工人劳作的艰辛，创业的艰难，劳动的不易，语言朴素、形象、生动，语气真挚、自然，唤起了对方的切肤之感和深切同情。

正如对方所说的，松下幸之助的话“句句都在情理之中”，对方接受自也在情理之中。

有一家大型公司的总经理要租用一家旅馆大礼堂开一个经销商会议。刚要开会，对方通知他要付比原来高三倍的租金。没办法，总经理去找旅馆主管交涉。他说了下面这番话：

“我接到您的通知时，有点震惊。不过这不怪您，假如我处在您的地位，也许也会给出同样的通知。您是这家旅馆的经理，您的责任是让旅馆尽可能多盈利。您不这么做的话，您的经理职位难以保住。假如您坚持增加租金，那么让我们来合计一下，这样对您有利还是不利。先讲有利的一面，大礼堂不出租给开会者而出租给举办舞会、晚会的，那您可以获大利了。因为举行这一类活动的时间不很长，他们能一次付出很高的租金，比我的租金当然要多得多。租给我，显然您是吃大亏了。现在，再考虑一下‘不利’的一面。首先，您增加我的租金，反而降低了收入。因为实际上等于您把我撵跑了。由于我付不起您所要的租金，我势必再找别的地方举办会议。还有一件对您不利的事：这个会议的参加者来自全国各地，他们的社会地位、文化教养、受过的教育都在中等以上。这些人到旅馆来开会，对您来说，难道不是起了不花钱的活广告的作用吗？事实上，假如您花五千元钱在报刊上登广告，您也不可能邀请这些人亲自到您的旅馆参观。可我的会议为您邀请来了。这难道不合算？请仔细考虑后再答复我。”

如此入情入理的恳谈，任何人都无法拒绝。最后，旅馆经理向那位总经理让步了。这位具有出色口才的公司总经理为人们上了一堂生动的口才课。

真正站在对方的立场上，为对方着想，并全面分析双方的利弊得失，说话真诚，语气亲切随和，不卑不亢，入情入理，这是成功地说服对方的真谛之所在。

说话时不能得理不饶人，要晓之以理，更应动之以情。

含蓄中透出风趣生动

说话时，可利用表面言甲事物，实质上暗示于乙。通过二者对比，形成众人认同的反差，使人心领神会，从而达到幽默的效果。这就是“一语双关”。

双关是一种修辞方法，这种表达方式大多是利用了词语的多义性或词的音同意近现象，故意使某些词语在特定的环境中临时具有双重意义来表达说话者的意思，而听者可以借双关的意义心领神会，从而起到含蓄、生动或幽默、风趣的特殊效果。

双关在汉语中应用历史悠久，并且具有丰富的表现力。人们所熟知的唐代诗人刘禹锡《竹枝词》中的“东边日出西边雨，道是无晴却有晴”两句就是巧妙地运用了双关语，被广为传诵。

下面来看这样一则寓言。足球对篮球说：“老兄，我们本是同一类，为什么你常常被人拍，而我只能被人踢呢？这不公平。”篮球不屑一顾地回答道：“小傻瓜，这还不简单！因为我比你大，你比我小呗。”

这一则寓言运用足球、篮球一个被踢、一个被拍的不同遭遇，暗示了级别不同而形成的差别，幽默而风趣，辛辣地讽刺了现实社会中出现的不良风气。

一位中学语文老师在向学生讲授如何修改文章时，巧妙运用双关的表达方式，深入浅出地讲解了修改文章的重要性。他说：“每个人的脸皮就是一篇天生的‘文章’。古今中外，许多女人都是非常讲究‘修改文章’的。她们每天早晨起来梳妆。对着镜子，用增白霜反复‘揣摩’，再用高级胭脂、唇膏精心‘润色’，还要用特制的眉笔仔细地修改‘眉题’。甚至于连标点符号也毫不含糊——非要用手术刀将‘单括号’改为‘双括号’不可！你们看，这是何等严肃认真、高度负责的态度啊！”

这番生动形象、风趣幽默的双关语运用，使课堂里充满了笑声，使学生加深了对于修改文章重要性的理解，收到了引人入胜的效果。一语双关的构成可以分为以下三种类型。

1. 语义双关

同音同字之下，一语多义，形成双关。例如人们常说的“穿小鞋”“上眼药”，在特定的语言环境中都具有双关效果。

2. 谐音双关

两个词语读音相同而意思不同，借用谐音婉转含蓄地表达出说话者的本义。如“道是无晴却有晴”中的“晴”即是“情”的谐音双关。

3. 借义双关

借用一个词语的意思来表达另外一个意义，就构成了借义双关。例如，有这样一组问答：

问：你怎么看待一些人用“短平快”手法赚大钱?

答：赚大钱既可以“高点强攻”，也可以“短平快”，只要不犯规就行。

“短平快”和“高点强攻”本来都是排球技术术语，有其特定的含义。这里借用以表示经商活动中的一些手段，含蓄而令人深思，属于借义双关。

再来看一个故事。

从前，有个媒婆，凭一张巧嘴不知使多少青年男女结了良缘。

一次，她遇到了难题。一位姑娘缺了一块嘴唇，一直嫁不出去；一个小伙子没有鼻子娶不上媳妇。他们虽然容貌各有缺陷，但找对象却都要求对方五官端正。结果，这位巧嘴的媒婆还是把他们说合了。

媒婆对小伙子说：“这姑娘没有别的毛病，就是嘴不好！”小伙子想，准是心直口快，爱唠叨，于是说：“嘴不好不算大毛病，慢慢她会改嘛！”媒婆对姑娘说：“小伙子什么都好，就是眼下缺少点东西。”姑娘听了以为是结婚礼品准备不全，就说：“眼下缺少点东西怕啥，我多点陪嫁就是了。”媒婆见双方表示同意，于是叫他们把自己的话写下，以免口说无凭。

在那凭父母之命、媒妁之言的社会，他们没有见面就这样定下了自己的婚姻大事。到了新婚之夜，真相大白了，双方都指责媒婆骗人，媒婆却拿出字据说：“我怕你们不满意这事儿，都清清楚楚、明明白白地告诉你们啦。(对小伙子)我不是跟你说了姑娘嘴不好吗？(对姑娘)我不是告诉你小伙子眼下缺少点东西吗？可是你们都同意了，这不，还立了字据呢！怎么能说我骗人？”两个人都无话可说。后来这对青年生活得挺美满。

这位媒婆真是有口才，将一对无情却有缘的人牵到了一起。姑娘“嘴不好”，小伙子“眼下缺少点东西”，是利用多义构成双关：按小伙子的理解，姑娘“嘴不好”准是心直口快，爱唠叨，然而，还可表示“兔唇”；按姑娘的理解，小伙子“眼下缺少点东西”，是结婚礼品准备不全，然而，“眼下”的引申义是目前，指说话这个时候，媒婆却用的是它的字面意思，真的是“眼睛下面”。由于两位青年根据自己憧憬的形象，做了理想的理解，因而产生了喜剧效果。

语言自身的特点为“一语双关”创造了条件，利用这种特点，言在此而意在彼，往往会收到独特的表达效果。

驾驭你的语气

说话都离不开语气。在一句话中，不但有遣词造句的问题，而且有用怎样的语气表达，说话才准确、鲜明、生动的问题。

抗日战争时期，文学大师郭沫若在台下观看自己创作的五幕历史剧《屈原》的演出，他听到婵娟痛斥宋玉：

“宋玉，我特别恨你，你辜负了先生的教诲，你是没有骨气的文人！”

郭老听后，感到“你是没有骨气的文人”这句话，骂得还不够分量，就走到后台去找“婵娟”商量。“你看，在‘没有骨气的’后面加上‘无耻的’三个字，是不是分量会重些？”

这时，正在一旁化装垂钓者的演员张逸生，灵机一动，插了话：“不如把‘你是’改为‘你这’，‘你这没有骨气的文人’，这多够味，多么有力！”郭老拍手叫绝，连称：“好！好！”

这一字之改，不仅使原来的陈述句变为坚决的判断句，而且使语言有强烈的感情色彩，语气也更加有力，婵娟的愤怒之情溢于言表。一个人只要驾驭了语气，就能够出口成章。这种当今社会最值得推崇的口才能力就显现了驾驭语气的功力。要达到驾驭语气的基本要求，以下三点建议可供参考。

1. 掌握语气的特点

语气包含思想感情、声音形式两方面内容，而思想感情、声音形式又都是以语句为基本单位的。因此，语气的概念又表述为具体思想感情支配下的语句的声音形式。语音作为语言的物质外壳，是语气表达所必须依据的支持物。语言有表意、表情、表志的作用，语气相应也分为这三种。

（1）表意语气。表意语气指的是向对方传递某种信息。如陈述、疑问、祈求、命令、感叹、催促、建议、商量、呼应等。这种语气词或独立成小句，或用于小句末，或用于整个句子末尾。指明事实，提请对方注意，用“啊、呢、呗、嗯”等；催促、请求用“啊、吧”；质问、责备用“吗”，如与副词“难道”搭配，语气更为强烈；说理一般用“嘛”和“呗”；招呼、应呼用“喂”；揣测用“吧”。

（2）表情语气。表情语气是谈话中表现的感情。如赞叹、惊讶、不满、兴奋、轻松、讽刺、呵斥、警告等。赞叹用“呵、啧”，句中常用“多”字搭配；惊讶用叹词“啊、哎、哟、咦”；叹息用“唉”；制止、警告用“嘘、啊”；醒悟用“哦”；鄙视用“呸”，等等。

（3）表志语气。表志语气就是对自己的说话内容表示某种态度。如肯定、不肯定、否定、强调、委婉、和缓等。肯定用“得了(是)……的”；缓和用“啊、吧”，语气显得平淡，不生硬；夸张用“呢、着呢”。

2. 改变不良的习惯语势

语言是人际交往的桥梁。正因为有了语言，才丰富了人的社会化内容，扩大了社会化的范围，加速了社会化的进程。但是，应该看到，人在社会化的过程中，由于受社会、家庭和个人的某种语言习惯的影响，形成了每个人独特的习惯语势，因此要尽早克服那些不符合语气要求的习惯语势。

有的人讲话声音变化很大，总是一开口声音很高、很强，到后来越说越低、越弱，句尾的几个字几乎听不到。这种头重脚轻的语势使语意念混，容易造成听话人的疲劳感。有的人讲话，总是带有一种“官腔”，任意拖长音，声音下滑，造成某种命令、指示的意味。有的人讲话，则喜欢在句尾几个字上用力，使末一个字短促，语力足，给人以强烈感、武断感，容易让人不舒服。把握语气主要是做到句首的起点要参差不一，句腹的流动要起伏不定，句尾的落点要错落有致，这样就能使语气千姿百态，丰富多彩。正确地运用语势，就会对每句话的表达从语意上给以具体把握。这种把握是驾驭语气的基本内容。

3. 根据不同场合调整语气

要取得良好的效果，有声语言的表达，必须考虑场合、对象、时机等因素，要根据不同场合、不同时机、不同环境和不同对象的语言交流特点，灵活恰当地运用语气的多种形式，做到适时而发。

（1）因地而异。把握语气要注意说话的场合，这是十分必要的。一般来说，场面越大，越要注意适当提高声音，放慢语速，把握语势上扬的幅度，以突出重点。相反，场面越小，越要注意适当降低声音，适当紧凑词语密度，并把握语势的下降趋向，追求自然。场合不同，应运用不同的语气。在谈话的场合和演讲的场合、论辩的场合和对话的场合、严肃的场合和轻松的场合、安静的场合和嘈杂的场合等，都要根据情况使用不同的语气。

（2）因时而异。同样一句话，在不同时候说，效果往往大相径庭。抓住时机，恰到好处，运用适当的语气，才会产生正面有效的效果。

（3）因人而异。驾驭语气最重要的一条是语气因人而异。语气能够影响听话者的情绪和精神状态。语气适应于听话者，才能同向引发，如是喜悦的会引发出对方的喜悦之情，是愤怒的会引发出对方的愤怒之意；语气不适应于听话者，则会异向引发，如生硬的语气会引发出对方的不悦之感，埋怨的语气会引发出对方的满腹牢骚，等等。选择说话语气的依据是一个人内心的潜意识。语气是有声语言最重要的表达技巧。掌握了丰富、贴切的语气，才能使我们的思想感情处于运动状态，不时对通话人产生正效应，从而赢得交际的成功。

妙用语调感染听者

语调，就是说话的腔调。从严格定义上说，语调应表述为：整句话和整句话中某个语言片段在语音上的抑扬顿挫，包括全句或句中某一片段声音的高低变化，说话的快慢（音的长短和停顿）以及轻重等。在口语交际中，语调往往比语义能传递更多的信息，能对听众的心理产生极其微妙的特殊作用，因此更为重要。

在波兰有位明星，人们都称她为摩契斯卡夫人。一次她到美国演出时，有位观众请求她用波兰语讲台词。于是她站起来，开始用流畅的波兰语念出台词。观众们虽然不了解她台词中的意思，却觉得听起来令人非常愉快。

摩契斯卡夫人接着往下念后，语调渐渐转为低沉，最后在慷慨激昂、悲怆万分时戛然而止。台下的观众鸦雀无声，同她一起沉浸在悲伤之中。而这时，台下传来一个男人的笑声，他就是摩契斯卡夫人的丈夫——波兰的摩契斯卡伯爵，因为他的夫人刚刚用波兰语背诵的是九九乘法表！

从这个故事中我们可以看到，语调的不同竟然有如此不可思议的魅力。即使不明白其意义，也可以使人感动，甚至可以完全控制对方的情绪。因此，你的声音是很重要的！

希腊哲学家苏格拉底说：“请开口说话，我才能看清你。”正因为他了解，人的声音是个性的表达，声音来自人体内在，是一种内在的剖白，因此，你的声音中可能会透露出畏惧、犹豫和缺乏自信，也可以透露出喜悦、果断和热情。

我们说话的声音，也必须和音乐一样，能够渗进人们心中，才能达到说服别人的目的。因此，在表示疑问的时候，可以稍微提高句尾的声音；要强调的时候，声音的起伏可以更大些；要表现强烈的感情时，可以把调子降低或逐渐提高。

总之，绝对不要使你的语气单调，因为音阶的变化会加强你的说服力。你的热情会在音阶的变化中展现，并且能够感染听者，从而产生说服的力量。

如果你在说话时，只是抓住了字词的表面意义，那么你只是用“借来的字词”在传达而已，你并不是个很高明的说话者。你应该把这些字词的意义充分地表达出来，并且加上对它们的爱，那么你的表达才是完整的，你的感情才能充分地表露出来。那么，怎样才能使语调生动有趣感染听众呢?

1. 掌握有特色的各种句调

一句话富有表现力，因为它声音有高有低，有快有慢。声音的高低是由声带的松紧决定的，声带拉紧，声音就变高；声带放松，声音就变低。我们说话可以自由地控制声带的松紧，使之发出不同的高低音。一句话声音的高低变化叫作句调。句调是语调中主要的内容。句调可分升调、降调、曲调、平调四种。升、降、曲、平四调，各具特色。只有掌握句调的特点，才能灵活表达出各种句调。

（1）升调。这种句调前低后高，整个句子的后半句明显升高，句末音节高亢，一般用于提出问题、等待回答、感情激动、情绪亢奋、句中顿歇、意犹未尽、发号施令、宣传鼓动、惊异呼唤、出乎意外等场合。

（2）降调。这种句调先高后低，但声音不是明显下降，只是逐渐降低，句末音节短而低。在口头交际中，降调的使用最为常见，它多用于情绪平稳的陈述句、感情强烈的感叹句、表达愿望的祈使句。

（3）曲调。这种句调由高转低，自低升高，或由低转高，再降低。曲调能表达出复杂的情绪或隐晦的感情，所以常用于语义双关、言外有意、幽默含蓄、讽刺嘲笑、意外惊奇、有意夸张等处。

（4）平调。这种句调变化不大，平稳、舒缓，多用于表达分量转重的语句，如庄重严肃、冷淡漠然、思索回忆、踌躇不决等。

2. 语调抑扬顿挫

说出的话中含有语调才能显得抑扬顿挫。抑扬顿挫构成语言自然和谐的音乐美，能细致表达思想感情和语气，使语言更富有吸引力。一般来说，语调越多样化，越生动活泼，其吸引力就越大。分寸感是语调正确的首要条件。每句话都可以用不同的语调来说，但不同的语调给对方的信息刺激也是不同的。同样一句话，由于语调不一，就可能给人不同的理解，文明语言可能揭示不尊敬对方的信息；相反，有些不礼貌的语言在非常亲近的人当中，却给人揭示一种亲密无间的信息，关键在于语调分寸感的使用。恰当地运用不同的语调，是衡量一个人口头表达能力的重要标志。

3. 控制说话的轻重快慢

人们说话都有轻重快慢之分。一般来说，重要的词语或需要强调的内容说得重些，句子中的辅助成分或平淡的内容说得轻些。说话轻重适宜，能使语意分明，声音色彩丰富，语气主动活泼，语言信息中心突出，从而引起听者的注意，引导听者的思路，易于被人理解和接受。说话的轻与重，是相对而言的。太轻，容易使听者减少兴趣；太重，也容易给听者突兀的感觉。应根据说话的内容，该轻则轻，该重则重，使人感到音节错落有致，舒服畅快。

语速应根据社交场合和个人表情达意的需要而选择。运用恰当的语速说话，是控制语调的主要技巧。在需要快说时，语速流畅，不急促，使人听得明白；在需要慢说时，不能拖沓，要声声入耳。语速徐疾，快慢有节，才能使言语富于节奏感。听者处在良好的倾听环境里，才能不疲劳，并且增强语言的感染力。

4. 培养表达心声的语调

语调对于有声语言表达的效果有重要的作用。语调不仅能成功地表达一个人的心理和性格，还可以表达说话者微妙的感情。不同的语调，将导致对方不同的感觉效果。一句话起什么作用，产生什么效果，给听者什么感受，取决于说话者的语气和语调。语调关系到交际的成功和失败，所以要交际成功，必须练习那种真实、准确、富有生命力的语调。

第4章

赞美的语言沟通人心

赞美是一种重要的交际手段，它能在瞬间沟通人与人之间的感情。任何人都希望被赞美，在人际交往中，善用赞美语言是一种艺术。赞美他人不仅可以使受赞美者心情舒畅，而且他会对你产生好感，从而更有利于进一步沟通和加深双方的友谊关系。

赞美是一种有效的方法

人际关系的顺畅是事业成功最关键的因素，而赞美别人是处世交际最关键的课程。如果你懂得如何去赞美别人，再加上你聪明的脑袋，还有脚踏实地的精神，就等于事业成功了一半。从很大意义上讲，学会赞美他人是事业成功的阶梯。真诚的、发自内心的赞美可以搞好你的人际关系，使你在事业的道路上畅通无阻。赞美从一定意义上讲，是一种有效的感情投资，有付出就会有回报。对领导赞美，能使领导心情愉悦，对你越发重视；对同事赞美，能够联络感情，增强团队精神，在合作中更加愉快；对下属赞美，使你赢得下属的敬重，激发下属的工作热情和创造精神，从而更好地协助自己在事业上的发展；对自己生意伙伴的赞美则会赢得更多的合作机会，从而获取更多的利润；如果你是一个商人，学会赞美你的顾客，则会拥有更多的顾客回头率。

一位精明的善于赞美的售货员，往往会这样对一位中年女顾客说："太太真是好眼光，这是我们这里最新潮的款式，穿在太太身上，太太一定会更加漂亮。"几句话，这位太太肯定眉开眼笑，马上开包拿钱。美国的商界奇才鲍罗齐就曾说过：“赞美你的顾客比赞美你的商品更重要，因为让你的顾客高兴你就成功了一半。”赞美对于你的家人、朋友同样重要，俗话说：“家和万事兴。”家庭和睦，则万事兴旺，作为父母，适当地赞美自己的孩子，可以使孩子更具有自尊心和自信心，同时沟通家长与孩子的感情。另外，朋友之间适当的赞美是必不可少的，朋友对于我们每个人都是非常重要的，没有朋友的生活等于死亡。而朋友之间相互赞美是友情产生的前提之一，因为既然成为朋友，就一定有双方相互欣赏的一面。

赞美别人既是压力又是动力，因为压力而产生动力。因为你赞美别人就意味着你肯定了他人的优点与成绩，相对应的是，你逐渐意识到自己的缺点与不足。人只有不断地发现自己的缺点与不足，才能更好地完善自己，取得更大的进步。

某中学一个班上有两个同学同名同姓，其中一个成绩特别好，而另一个则成绩平平。一天，成绩一般的那个同学对成绩好的那个同学说：“我俩姓名一个样儿，而你的成绩却每次都高我一大截，我真是打心眼儿里佩服你。”后来这个成绩一般的同学变压力为动力，最终考上了一所重点大学。

学会赞美别人，可以给你带来远见卓识，可以让你拥有宽广的胸怀，这些是一个人走向成功必备的性格和修养素质；学会赞美别人，可以使你获得真挚的友情，有很好的人际关系。俗话说，朋友多了路好走，此路不通还可以走彼路。赞美人还可以使自己产生压力感和紧迫感，从而成为进步的动力。如果你学会了赞美别人，你就拥有了开启成功之门的钥匙。

人际交往中的至高技巧

善于赞美、巧于恭维，既是人际交往中的一门技巧，又是一种为人的艺术。可谓是人际关系至高无上的润滑剂，于人于己均有利而无害。

在现实生活中，赞美与恭维不仅仅是一种现象，还是一门学问，更是一种艺术。赞美与恭维之词可以起到起死回生之效，也可以有返老还童之奇迹。现实生活中，不管是伟人还是普通老百姓，不管是老人还是年轻人，所有的人都希望得到别人的赞美与恭维。马克·吐温曾经说过："一句精彩的赞词可以代替我十天的口粮。"

赞美别人，恭维别人，其实是一种智慧、一种策略，是人际关系至高无上的"润滑剂"，而且这种美丽的言辞又是免费供应的；如此"于人有利、于己无损而有利"的事，又何乐而不为呢！

赞美他人和巧于恭维是一种博取好感与维系好感最有效的方

法。美国前任军事部长贝柯，曾经在法庭上用过这种方法。他向一位外国法官陈述案情时，故意说了一句似若偶然而很动听的关于并非美国公民的话，那位敏锐的律师和另外几位出席法庭的人，都注意到这句话，因此贝柯便很顺利地得到这位法官的好感。

美国前总统威尔逊在竞选民主党总统候选人的时候，也应用了赞美他人和巧于恭维的这种方法：有人公开威尔逊多年以前所写的一封信，在那封信里，他表示要将某议员打得一塌糊涂。在信件公开不久以后，在华盛顿的某场宴会中，那位议员也在座，威尔逊在他的演讲里，对那位议员的品格和他所以博得名誉的缘由，赞誉备至。过了不久，威尔逊又和该议员碰面了，那位议员与原来判若两人，对威尔逊十分热情客气并在竞选中支持了威尔逊。可以说赞美他人、巧于恭维是博得他人好感、获得他人赞同的一把金钥匙。把赞扬送给别人，就像把食物施给饥饿的乞丐。许多时候，它就像维生素，是一种最有效果的食物。

无论如何，人总是喜欢别人奉承的。有时，即使明知对方讲的是奉承话，心中还是免不了会沾沾自喜，这是人性的弱点。换句话说，一个人受到别人的夸赞，绝不会觉得厌恶，除非对方说得太离谱了。

因此，这种驭人术，既是一种至高的技巧，也是增进人之间情感的重要桥梁，它必将促进你的事业走上成功之路，更能对提高个人生活质量产生重要的影响。

不惜嘉言给予赞美

被人赞美是令人喜悦的事情。正确的赞美，使人感到人际间的理解，领略人世间的温暖，并产生赞美者与被赞美者之间的良好心灵交流。

但并不是所有的赞美都能产生心灵间的良好交流。虚情假意的赞美、言过其实的赞美、迫不得已的赞美和明褒暗贬的赞美，不但不能使被赞美者获得真心的愉悦，还会造成人际相处的障碍。良好的赞美一般都具有下列特点。

1. 诚心诚意

我们之所以赞美别人，是因为觉得别人有值得赞美的地方，而赞美本身也是自己对别人钦佩和羡慕的表示。尽管赞美本身具有改善人际关系的功能，但这种功能只是赞美的副产品，而不是目的。如果把它当作唯一目的，就可能产生虚假的赞美。比如别人穿了一件新衣服，你觉得很美，就应该称赞这件衣服漂亮，这种赞美是诚心诚意的。如果你并不认为这件衣服漂亮，却为了讨好对方，故意说它美不可言，这就是虚伪客套了。至于逢迎献媚式的赞美，那就更不应该了。

2. 恰如其分

假如你有个朋友取得了某项成就，你说：“真不容易。”他听了会感到高兴，因为你肯定了他做出的贡献。假若你说这是一项“划时代的伟大贡献”“揭开了某某领域的新篇章”“是一座里程碑”，那就会使被赞扬的人感到不舒服，甚至还会引起误解，认为你是借此来讽刺他。事实上，你也许丝毫没有冷嘲热讽的意思。为什么会产生这种错觉？就是因为你的赞美太过分了。

3. “明暗”并举

所谓“明”，是指当面赞美；所谓“暗”，是指背后赞美。当面赞美是需要的，但背后赞美更不能少。因为不为人知的赞美，往往是出于真心且不含任何条件的。当它传到被赞美者耳中时，对方所获得的心理好感，比当面赞美无疑多得多。只有当面赞美，没有背后赞美，这样的赞美动机恐怕有些不纯。如果当面赞美别人，背后又说别人坏话，这就属于人品有问题了。

4. “大小”并重

所谓“大”是指突出的优点和长处，所谓“小”是指微不足道的优点和长处。赞美前者的必要性比较容易理解，对小优点、小长处进行赞美，有些人就认为没有必要。其实，现实生活中，一个人不可能经常做出令人刮目相看的业绩；人生乐章中，蕴含最多的，往往是平缓柔和的音符。所以，我们不应对平凡小事视若无睹。只要是好事，尽管它微不足道，你也应当赞美几句。在愉悦的心理满足中，被赞美者的行为也就得到了强化，对你的好感也会增加。当然，这里赞美的程度应当适度，小题大做也会使人觉得有失真诚。

5. 不含揶揄

在某公司办公室里，平时总是甲职员来得最早，扫地、擦桌子和打开水。有一天乙职员来得比甲早，主动做了甲做的事。甲来了就说："你今天来得真早，难得难得！"这句话的毛病在于，前一句话似乎在赞美别人，后一句话却又似乎在揶揄别人。如果两人关系不是太密切，这样的赞美就收不到良好的效果了。如果换句话说："你今天来得真早，吃饭了吗？"这就既赞美了别人，又含有关心之意，使人听了感到很舒服。

善于把握赞美他人的"度"

适度的赞美，会使人心情舒畅；反之，则使人十分尴尬。为了使赞美达到应有的而不是相反的效果，合理把握赞美的"度"就成为赞美者们必须重视的问题。

1. 频率适中

这里的频率是指相对时期内对一个对象赞扬的次数。次数太少，起不到应有的作用；次数太多，也会削弱应有的效果。而赞扬的频率是否适中，是以受赞扬者优良行为的进展程度为衡量尺度的。如果被赞扬者的优良行为同赞扬的频率成正比，则说明赞扬的频率是适度的；如果呈现反比的现象，则说明赞扬的频率过高，已经到了“滥施”的程度。

2. 要有前瞻性和预见性

赞美不仅要符合眼前的实际，而且要高瞻远瞩，具有一定的前瞻性和预见性。那样才能提升你赞美的高度，使你的赞美经得起推敲和时间的考验。

有些东西具有相对稳定性，比如人的容貌、性格、习惯等，这方面比较容易称赞。而有些东西则不稳定，如人的行为、成绩、思想、态度等，若从长远考虑，赞美时要谨慎。如有些人入党之前各方面表现都很积极，领导便开始称赞他：“该同志一直……”有经验的人就会想，先别夸那个，慢慢儿看吧。果然，他入党之后，各方面就开始松懈了。人迫于某种压力或某种需求，做一件好事很容易，难的是一辈子都做好事。如果赞美人时仅限于就事论事，极易犯目光短浅的错误。

3. 注重过程

我们可能都有过这样的体验，当你夸奖朋友取得的成绩时，他会说：“你不知道我付出了多少心血！”言语间仿佛有你不知其艰辛、看结果不看过程的意思。相反，如果你说：“真不错，一定花了你许多的心血吧！”他就会觉得心里舒服，认为你很了解他。可见，夸奖劳动的付出是必不可少的，甚至效果更佳。

其实，很多人做事并不仅仅在乎结果，更注重过程。如果你人云亦云地夸奖他取得的成果，不但有势利之嫌，还会让人这样想：“如果我失败了呢？”因此对你心生厌恶也未可知。很多名人讨厌记者的采访，也许有此同感。

4. 及时赞美

赞美的效果在于见机行事、适可而止，真正做到“美酒饮教微醉后，好花看到半开时”。作为丈夫，当你下班后走进家门，看见娇妻已经为你备好晚餐，你只要深情地望她一眼，说一句“看到桌上的菜我就饿了”，她一定会心花怒放的。倘若你酒足饭饱之后才说一句“你今天回来得真早”，那样的效果，已经是雨后送伞了，她还能感受到你当时就有的那份亲情吗？

某电视台的老张是一名老编辑，他总是勤勤恳恳地工作。在他生日时，全室人员为他庆祝，新闻中心主任在祝词中是这样说的：“老张多年来勤勤恳恳地工作，甘于奉献，却从不争荣誉、要功劳。在您生日之际，我代表全室人员向您表示祝贺！”主任的一番话令老张很感动，他认为这是领导对自己的肯定。

一位普普通通的下属住院了，领导亲自去探望时，说了这样一番话：“平时你在的时候感觉不出来你做了多少贡献，现在没有你在岗位上，就觉得工作没了头绪、慌了手脚，你可一定要安心把病养好！”

你把下属当成左膀右臂，让他也认为自己很重要，这样赞美别人又怎么不会赢得人心呢？

避开赞美语言中的黑洞

俗话说：“人怕赞。”这句话从另一个侧面说明了赞美的作用。很多人都把赞美作为与朋友交往的方式。

赞美人本应算好事，但若口无遮拦，犯了忌讳，好事也变成坏事，这也正是“一句话把人说笑，一句话把人说跳”的原因。即使朋友之间关系很密切，也要注意，不能一时兴起就不问“三七二十一”。

黄经理和沙经理很要好，志趣相投，嬉笑怒骂无所不说，私下里没有保留的余地，甚至对方的忌讳也是酒后茶余的谈资。

在一次宴会上，黄经理有点儿喝多了，为了表达对沙经理曲折经历和能力的敬佩，他举起酒杯说：“我提议大家共同为沙经理的成功干杯！总结沙经理的曲折历程，我得出一个结论：凡是成大事的人，必须具备三证！”黄经理提了提嗓门继续说道：“第一是大学毕业证；第二是职称资格证；第三是离婚证！”“离婚证”的话音刚落，众人哗然，原本是赞美之中的玩笑话，但此时此刻极不合适提及。沙经理硬撑着喝下了那杯苦涩的酒。“三证”中的一证无疑是沙经理的忌讳，他不想让更多的人知道，也不想让人们议论，但黄经理与他太好太熟太没有界限了。

这就警示我们，在称赞与自己关系很好的人时，如果是当着其他人的面，千万不要冒犯他的忌讳。毕竟每个人都有一点儿个人隐私，请尊重朋友的忌讳，不要开那些残酷的玩笑。公式化的套语有时也会冲撞别人的忌讳。

一位小伙子到同学家去玩，见到同学的哥哥后就来了一套公式套语说：“大哥你好，见到你真高兴！久闻你的大名，如雷贯耳，百闻不如一见！”

没料到对方的脸一下子红了。原来，他同学的哥哥因偷窃刚被劳教改造出来，这个小伙子根本不明情况就“久闻大名”地恭维了一番，不料却揭了对方的伤疤，险些造成一场风波。

赞美是一种走进心灵的语言艺术，抵达它的过程也有遍布暗礁的险滩，要想走上“赞美”的堤岸，就不可让赞美的语言信马由缰，而要在赞美之词中把握一种平衡，找准一种方向，然后才能步履轻松、稳健妥当靠上“赞美”之岸，迎来友谊的新景致。

发掘对方的闪光点

抓住一个人的独特之处进行委婉的赞美，最能赢取人心，调节气氛，这是要靠培养敏锐的观察、机智的应变能力才能达到的境界。赞美别人，不单单是甜言蜜语，而是根据对方的文化修养、个性性格、心理需求、所处背景、语言习惯乃至职业特点、个人经历等不同因素，恰如其分地赞美对方。

张之洞任湖北总督时，适逢新春佳节，抚军谭继洵为了讨好张之洞，设宴招待他，不料席间谭继洵与张之洞因长江的宽度争论不休。谭继洵说五里三，张之洞认为是七里三，两人各持己见，互不相让。眼见气氛紧张，席间谁也不敢出来相劝。

这时位列末座的江夏知县陈树屏说："水涨七里三，水落五里三，制台、中丞说得都对。"这句话给两人解了围，两人拊掌大笑，并赏陈树屏二十锭大银。

陈树屏巧妙且得体的言辞，既解了围又使双方都有面子。这种赞赏就充分考虑了听者的心理和当时的情况。

另外，人的素质有高低之分，年龄有长幼之别，因而特别的赞美比一般的赞美能收到更好的效果。老年人总希望别人不忘他“想当年”的业绩与雄风，同其交谈时，可多称赞他引以为豪的过去；对年轻人不妨语气稍微夸张地赞扬他的创造才能和开拓精神，并举出几点实例证明他的确能够前程似锦；对于经商的人，可称赞他头脑灵活、生财有道；对于有地位的干部，可称赞他为国为民、廉洁公正；对于知识分子，可称赞他知识渊博、宁静淡泊……当然这一切要依据事实，切不可流于虚情假意与浮夸。

要建立良好的人际关系，恰当地赞美别人是必不可少的。我们每个人都希望自己受到别人的赞美，而实际上，我们花了很大的精力，希望从他人那里得到赏识，但是，周围充分理解自己言行的人并不多，而我们自己也很少评论那些发生在周围的、我们所喜欢的言行。这一点着实令人感到奇怪，因为表示赞赏是非常容易的，不需要任何代价，而在赞美别人后自己得到的回报却是多方面的。人人都喜欢被赞美。美国著名社会活动家曾推出一条原则：“给人一个好名声。”如果你能以诚挚的敬意和真心实意的赞扬满足他人的自我，那么他人可能会变得更令人愉快、更通情达理、更乐于协力合作。

美言满足人心

称赞他人的时候，请不要提及会让赞赏打折扣的旁枝末节。请紧紧围绕赞赏这一主旨，主要谈论对方的成绩。

不要多此一举地指出，可能是某些外界因素让这一成功轻而易举。比如，“这的确是令人可喜可贺的成绩，不过各方面的条件都这么有利，怎么也能取得好成绩……”

还要小心另外一种错误的观念，即以为打了折扣的赞赏会更真实可信，更有分量。

不要自作聪明地指点同伴，怎样做会更好，哪怕是生活小事。比如，“您做的菜味道真好，哪一样都不错，就是汤里的盐多了一点……”这种折扣不仅破坏了赞扬的效果，还有可能成为引起激烈争论的导火索。

有时你必须对某项工作做一次全面的总结和评论，这样一来，赞赏和批评就不可避免地联系在一起。

在这种情况下你也没有必要把优秀成绩打折，请把总结中的批评当作与赞赏相对立的独立部分。

别让对方的谦虚削弱了赞赏的作用。有些人很少受到表扬，所以听到别人称赞他时会不知所措；还有些人在收到称赞的时候想要表明，取得优异的成绩对他来说是家常便饭。这两种人面对赞赏的反应几乎一模一样：“这不算什么特别的事，这是应该的，是我的分内事。”

听到对方这种回答的时候，你不要一声不响，此时的沉默表示你同意他的话，就好像对他说：“是啊，你说得对，我为什么要表扬你呢，我收回刚才的话。”

你应该再次称赞他，强调你认为这是值得赞赏的事，请你重复一次对他哪些方面的成绩特别看重，以及你为什么认为他表现出众。

努力欣赏和肯定他人

一滴蜜糖，比一加仑的苦汁，能捕获更多的苍蝇。

渴求他人的注意，并希望他人感到自己重要，这也许是人性的一大特征。因此，要满足他人的这种愿望，你只需学会一点：真诚地赞赏他人。但有些人就是不善此道，他们要么不去称赞他人，要么虚情假意，让人一眼识破，这种虚伪的赞许只能更加令人反感，更遭人憎恶！何不发自内心，出于真诚，对他人施予称赞之词！同时，你也能从中获得应有的回报。

每个人都有优点和缺点，但有些人看待他人时，往往总是盯着他人的缺点和不足之处，而看不到他人的优点，他们不愿称赞对方，不会夸奖他人，因而也得不到他人的赞赏。其实，即使那些历史上的伟人，他们也懂得真诚地赞赏他人。

你可以用枪威逼他人，要他乖乖交出手表，可以用“炒鱿鱼”来威胁员工听你的话，也可用体罚或恐吓的办法使小孩服从于你，但是，这些粗陋的办法只能造成一种极为不良的反应。而真正要他人做事的唯一方法就是，给他想要的东西。那么，一个人到底想要什么呢？

按照弗洛伊德的说法，一个人做事的动机不外乎两点：性冲动和渴望伟大。美国学识最渊博的哲学家之一，约翰·杜威则有另一种说法，他认为，人类本质里最深远的驱动力就是“希望具有重要性”。

人们对这项需求的根深蒂固、迫切热望绝不亚于对食物和睡眠的需要。它就是弗洛伊德所说的“渴望伟大”，或是杜威所说的“希望具有重要性”，也是威廉·詹姆士所说的“渴望被肯定”。所以，我们要学会真诚、慷慨地赞美和欣赏他人。

这种渴望不断地啃噬着人的心灵，少数懂得满足人类这种欲望的人便可以将他人掌握在手中。这种“渴望被肯定”的感觉，也是人类与禽兽最大的分别。

卡耐基小时候住在密苏里州乡间，他父亲养了几只品种优良的红色大猪和一头血统优良的白牛。一次，他们带着猪和牛参加美国中西部一带的家畜展览，并且获得了特等奖。父亲把特等奖蓝带别在一块白色软洋布上，逢人便拿出来炫耀一番。

猪和牛并不在乎赢来的蓝带，父亲却十分珍惜，因为那使他有“被肯定”的感受。是的，正如卡耐基所说：“如果我们的祖先没有这种‘渴望被肯定’的想法，就不会有当今的一切文明，我们同禽兽也不会有什么两样。”

就是这种渴望，促使一位未受教育、极度贫苦的杂货店员，去研究他在一只满置杂物的大木桶底下找出的那本曾花费他 5 角钱买的法律书。你也许已经听说过这位杂货店员是谁，他的名字叫林肯。就是这种渴望促使狄更斯写下了不朽的作品；就是这种渴望鼓舞克利斯多福·瑞爵士 (英国著名建筑家) 在石头上写出诗篇；就是这种渴望使洛克菲勒聚积了耗之不尽的财富；也是这种渴望，使你们镇上的有钱人建造了超出实际所需的大房子；也是这种渴望，使你想要最新款式的服装、最新年代的汽车，或是炫耀一下你聪明的孩子；也是这种渴望，驱使许多青年男女加入了不良帮派。曾担任过纽约市警察局长的莫洛尼指出，许多年轻罪犯十分自负，他们被捕后的最大愿望就是想在报上大出风头，和那些运动健将、影视明星或政治人物的照片同时出现在报端。

至于以后的牢狱生涯如何，似乎与他们无关。

假使你告诉我们，你是如何满足这种“渴望被肯定”的需要的，我们就可以告诉你，你是怎样的一个人。因为那决定了你的人格，是对你最具有意义的事。举个例子来说，洛克菲勒让自己觉得“被肯定”的方法，是捐钱在国外建立一所现代化医院，造福那些未曾谋面的穷苦人民。另一个人名叫狄令格，他让自己感到“被肯定”的方法，是走上邪途，成为抢劫银行的匪徒和杀手。在美国联邦调查局追缉他的时候，他逃到密苏里州一处农舍，对着惊惶的农民说道：“我是狄令格！”似乎对身为第一号社会公敌的身份感到自豪，“我不会伤害你们，但是，你们要知道我就是狄令格！”

是的，狄令格和洛克菲勒最大的不同之处，就是他们采用了不同方法，让自己感到“被肯定”。

曾经有一位著名的演说家，他这样形容卡耐基：“他是一位会握着你的手，鼓励你，赞美你的人。在我的生活经验中，还没有碰到一个能赶得上他的人，有许多人，虽然拥有职权，但他们没有雅量，只会讥讽别人，像这样怎么能成就更伟大的功业呢？”

当“矮”者赞扬“高”者并抱有一定的私人企图时，赞美就变成了拍马屁。讨厌别人拍自己马屁的人少之又少，人性使然。拿破仑宣称自己最讨厌别人拍马屁了，有一次一个侍从对他说：“将军，您最讨厌别人对您拍马屁，真是太明智了！”拿破仑得意地颔首称是，不知不觉又被拍了一记响亮的“马屁”。拍马屁一词原本是说，人在骑马前最好先拍抚马的屁股，这样马才会温驯地让人骑上去，否则，不但骑不上，还会被摔下来。后被引申为说奉承话、献媚的意思，人们讥讽那些厚颜无耻仅会阿谀奉承地讨好上司的人为“马屁精”。

人都有虚荣心，会从别人的赞美中得到一种莫大的优越感和满足感。

19 世纪初，英国伦敦有一位年轻人立志要成为一名作家。可是，他只受过不到四年的正规教育，父亲又因债务入狱，以致这位年轻人经常三餐不继。后来他终于在一间脏乱的仓库中找到一份贴纸标的工作，夜晚就与两个贫民区的流浪儿一起睡在小阁楼里。他对自己写作的能力实在毫无信心，以致得等到半夜才溜出去将稿件付邮，以免遭人耻笑。一篇又一篇的故事屡遭拒绝。但是，伟大的一天终于来临了，因为他的一篇文章被采用了。虽然他没有拿到稿费，但是有一位编辑对他的文章相当激赏，给了他一些肯定。当晚，他异常兴奋，脸上挂着泪珠漫无目的地在街上闲逛。

由于他的文章获得赞赏与肯定，他的整个人生也因此改变了。如果不是那位编辑的鼓励，他的才情可能一辈子埋没在那脏乱的仓库里。你可能也听过这位青年的名字吧，他的名字就叫查尔斯·狄更斯。

第 5 章

幽默机智更受欢迎

当你以幽默的方式与人接触、交往，就会在他们心中形成一个光亮的形象，人们会乐意继续与你交往。假如自己不善于主动制造幽默，至少也要寻找和肯定其他人在幽默上的努力，这样会减少紧张气氛，减少沟通的困难，让自己在人际交往中显现出浓厚的人情味，使生活更有乐趣。

幽默能使你成为颇受欢迎的人

在社会生活中，幽默是无处不在的。幽默是语言的润滑剂，如果你善于灵活运用，必将为你的生活带来无穷的乐趣。

幽默是人际交往中的磁石，可以将你周围的人吸引到你身边来；幽默也是转换器，可以将痛苦转化为欢乐，将烦闷转化为欢畅。每个人都喜欢与机智幽默的人做朋友，而不情愿与忧郁沉闷、呆板木讷的人交往。

荣耀全美的十大销售高手之一的甘道夫博士曾说："销售是2%的产品知识和98%的了解人性。"美国《EQ》一书的作者高曼博士说："成功来自80%的EQ(情商)和20%的IQ(智商)。"可见了解人性、善于沟通、幽默口才是成功的关键所在。我们经常会诧异，为什么有人那么受人欢迎而有人却那么受人鄙弃，问题就出在"懂不懂得销售自己"了。

希望自己更受大家的欢迎就要懂得适时地幽默一下，更要懂得将幽默摆在严肃的前面。

某大学植物系有一位植物学教授，开的课虽然是冷门课程，但只要是他的课，几乎堂堂爆满，甚至还有人宁愿站在走廊旁听，原因并不是这位教授的专业知识多傲人，而是他的幽默风趣风靡了全校园，使得学生们都喜欢上这位教授的课。

有一次，该教授带领一群学生深入山区做校外实习，沿途看到许多不知名的植物，学生好奇地一一发问，教授都详细地回答解说，一位女同学不禁停下了脚步，对着教授赞叹地说："老师，您的学问好渊博呀，什么植物都知道得那么清楚！"教授回头眨了眨眼，扮个鬼脸笑道："这就是我故意走在你们前头的原因，只要一看到不认识的植物，我就'先下脚为强'，赶紧踩死它，以免露馅！"学生们听了个个笑得前俯后仰，可见，这次实习之旅是一趟充满了笑声的愉悦之旅。

当然，教授只是开个玩笑，幽默一下而已，这就是他广受学生欢迎的原因。

在人际交往中，冷漠的脸孔总是让人敬而远之，而微笑热情的面容总会让人有亲近的愿望。总板着"八点二十"苦瓜脸的人是不会被人欣赏和欢迎的，而拥有充满笑容的阳光脸的人会使人感觉与他成为朋友是一件让人愉快的事。

日本说话艺术与人际沟通、自我成长的专家福田建先生，曾提出一个生活实验报告："笑容可以招来笑容。"意思是说，当我们以笑脸对着别人时，别人也会以笑容回报，所以有人认为："笑是一种可爱的传染病，被它感染了不但浑身舒服，还快乐无比呢！"

福田建还说：“‘笑脸迎人’不但是一剂人际关系的万能药，还是一剂最好的特效药。”我们不也常说“笑脸迎人，就是菩萨”吗？请记住常葆微笑、幽默对人，对人对己都是好处多多。

除了一张微笑的脸外，受人欢迎还需要有一颗关心体贴别人的心。

曾经有一位病人牙疼去看牙医，牙医看了看后说：“这颗牙已经严重蛀坏了，无法做根治，需要整颗拔掉！”病人问：“请问拔一颗牙要多少钱？”牙医回答说：“600 元。”病人一听大吃一惊地说：“什么？拔一颗牙只需短短几分钟就要收 600 元！”牙医笑道：“如果你要慢慢地拔也可以，我可以慢慢地帮你拔，拔到你满意为止。”

在适当的场合，幽默口才可以使你更容易与人亲近，消除初次见面的尴尬与不安，使紧张的心情松缓下来，从而使你更受别人欢迎。

幽默是语言的灵丹妙药

尴尬是在生活中遇到处境窘困、不易处理的场面而使人张口结舌、面红耳赤的一种紧张状态。在这种时候，人的感觉比受到公开的批评还难受，引起面孔充血、心跳加快、讲话结巴等。

有时是对方有意依仗亲密的关系公开揭你的短，或讲述你过去的傻事，有时是对方无意或不知不觉中说出了你的隐痛之处。而你如果真的动气，别人还会说你没有涵养，可见，尴尬是人们在生活中不愿碰到却难以避免的，问题在于怎样应对。

受到讥讽之后，千万不要把时间花在思考对方抱有什么目的跟我过不去上，更不能假设有什么“深仇大恨”。要学会自我解嘲。因为有意者可能是习惯，对谁都这样，无意者更不能激化矛盾。让心情放松，自己把这种耍笑转移给大家。如有人说“不愧是属猪的，真能吃”，不妨接上一句“所以咱们才能聚到一起呀”。

萧伯纳有一次遇到一位胖得像酒桶的牧师，他挖苦萧伯纳：“外国人看你这样干瘦，一定认为英国人都在饿肚皮。”萧伯纳谦和地说：“外国人看到你这位英国人，一定可以找到饥饿的根源。”要用幽默来保护自己。幽默感是避免人际冲突、缓解紧张的灵丹妙药，不会造成任何损失，不会伤及任何人。

如果活动中出现尴尬局面，幽默更是使双方摆脱窘迫的好办法。如两个班级联欢，男女舞伴第一次跳舞，由于一方的水平低发生了踩脚的情况，说“没关系”，这样礼貌的话可能会加重对方的紧张，如果用一句“地球真小，我俩的脚只能找一个落点了”，可使双方欢笑而心理放松。

语言幽默的人在社交中往往大受欢迎。最能聚集人脉的人常常就是颇具幽默的人。可以说，幽默在交往中的作用也是多方面的。幽默可以用来处理那些常规思维方式难以应对的问题；可以巧妙地化解矛盾；可以表达自己的不满又不至于伤了和气；可以表现委婉含蓄又入木三分的讽刺；可以帮助自己解脱窘迫，等等。总之幽默可以增强你的亲和力，当你以幽默的方式与人接触、交往，就会在他们心中形成一个光亮的形象，人们会乐意继续与你交往。假如自己不善于主动制造幽默，至少也要寻找和肯定其他人在幽默上的努力，这样会减少紧张气氛，减少沟通的困难，让自己在人际交往中显现出浓厚的人情味，使生活更有乐趣。

善用幽默来渗透

随着事业或工作上人际关系日益复杂，迫切需要幽默力量的不断增长，这样你会摆脱许多不必要的麻烦。有的人在工作场合一说话就感到紧张不安，其实如果掌握了幽默的技巧，就可以摆脱不安了。只要有个诙谐的开头，再有个良好的线索，并且使其首尾相接，一气呵成，就没有什么值得紧张不安的了。当然，语言幽默说起来容易，做起来却很难，需要我们好好学习。

例如，有的人讲了一个多小时，大家都没有明白他到底要说什么。其实，他只需要穿插一两个小小的幽默就可以比他一小时讲的东西还要丰富。长篇大论并不比短小精悍、言之有物有价值。

说话要深刻有力，就要学会运用诙谐的力量。因为幽默能给人们留下亲切可敬的印象，从而使你的观点为人家所认同。

说话通常的开场白有两种方式：一种是速成式，就是要在开场时立刻抓住听者的注意力；另一种是缓慢式，也就是先让听者了解你要讲些什么，然后再进入正题。无论用哪种方式开始与人交谈，幽默诙谐的开场方式都能帮助你顺利地进入正题，从而在你与听者之间建立起成功的联系纽带，直到你的谈话结束。

之所以不断强调幽默在谈话中的重要性，是因为幽默会让听你说话的人喜欢上你。只要他们喜欢上了你，无论你说什么，他们都会乐意听下去。

在言谈中，一些难以直说的观点往往可以通过开自己玩笑的方式表达出来。比如在谈到时间的重要性时你可以说："记得在刚开始工作的时候，前辈们告诉我专心工作可以让我忘却一切烦恼，直到最近我才发现这句话果然有效。"

这种把幽默的玩笑口吻用到自己身上，借以表达自己观点的方式，能和听者建立亲密的沟通关系。因为人的注意力是相对的、暂时的，因此在吸引对方注意力方面不能指望一劳永逸。一旦你说的话变得平淡，听者就会感到乏味，注意力就难免要分散。因此，你在谈话中，要时时注意观察对方的反应，一旦意识到对方的注意力有所分散，就要努力把他拉回来。你可以改变话题，或者是换一下说话的方式，用一句俏皮话或一则笑话把对方的注意力再次集中到你的身上。

假如你正在讲有关季节性或周期性的问题，可以插入一句这样的俏皮话：“我发现，月亮满月的日子里犯罪率总是很高的。这很好解释，因为小偷和强盗总是在这种时候看得更清楚嘛。”

要知道，幽默的话语必须与你所说的内容相吻合，并使这个幽默成为你所要表达的内容之一。如果你突然所说的幽默故事与你所讲的内容毫无关系，那也只能让别人开心一下，对达成你的目的丝毫没有帮助。

幽默给人以从容不迫的气度，更是成熟、机智的象征。你不必为自己的言语贫乏而懊恼，掌握下列幽默方法，你也可以成为幽默专家。

当你叙述某件趣事的时候，不要急于显示结果，应当沉住气，要以独具特色的语气和带有戏剧性的情节展示幽默的力量，在最关键的一句话说出之前，应当给听众造成一种悬念。假如你迫不及待地把结果讲出来，或是通过表情与动作的变化显示出来，那就像饺子都破了一样，幽默便失去效力，只能让人扫兴。

当你说笑话时，每一次停顿，每一种特殊的语调，每一个相应的表情、手势和身体姿态，都应当有助于幽默力量的发挥，使它们成为幽默的标点。重要的词语应加以强调，利用重音和停顿等以声传意的技巧来促进听众的思考，加深听众的印象。不管你肚子里堆满了多少可乐的笑话和俏皮语言，都不能为了体现你的幽默之处，而不加选择地一个劲儿地倒出来。语言的幽默风趣，一定要根据具体对象、具体情况和具体语境来加以运用，而不能使说出的话不合时宜。否则，不但收不到谈话所应有的效果，反而会招来麻烦，甚至伤害对方的感情，引起事端。因此，如果你现在有一个笑语，不管它有多么风趣，如果它有可能触及对方的某些隐痛或缺陷，那么，你还是做一下努力，把它咽到肚子里去，不说出为好。

巧用幽默回敬“揭短”

你正在兴致勃勃地向你的朋友讲述你怎样从池塘里钓上两条大鱼。你的妻子却在一旁插话说：“听他的！他钓了两天，一条小鱼的影子都没见着！那鱼是花钱买的！”

你正在和新结识的女友吹嘘：“我最近上了一个戏，这是我头一次独立执导，故事非常精彩，上演后一定会轰动。”旁边却走过来一个朋友：“嘿，不怕西北风煽了舌头！姑娘，别听他瞎编，他哪是什么导演，只是个场记而已！”

你正在帮助你的邻居修理电视机："原因可能在天线，也可能是显像管出了毛病……"这时，你的亲戚走过来："嗨，他只会拆零件。前天我那台彩电，没修前能看两个频道，让他一修，只能看一个频道了！"

这种情况在聚会中也时常出现，面对别人开玩笑似的揭你的"短"，你真有点下不来台。你想默认又觉得窝囊，想还口又觉口吃。怎样从困境中摆脱出来？不妨运用幽默的语言、滑稽的表情和笑料冲淡这尴尬的处境，活跃气氛。

你可以接着妻子的话说："不错，我往池塘里扔了五元钱，那两条鱼就自动跑进我的网兜里了！"

你也可以接着朋友的话说："场记怎么啦？导演都得先干场记，不信你去问问黑泽明！"

你还可以说："每个电视机有不同的毛病，修不好你的，不见得修不好他的！"

显然，设法改变处境比保持沉默要主动，但有一点应明确：那些"揭短"的人通常是你的配偶、亲友，你不能采用气愤的话语以还击，而幽默的解嘲是最好的办法。

在聚会中对付别人"揭短"时，尤其要注意如下三点。

1. 尽量不怀疑他人别有用心

如果我们神经过敏，对别人的每一句话都琢磨一番潜台词、话外音，只会自寻烦恼。因为在许多场合，对方往往是脱口而出或即兴联想的玩笑话，根本没想到会伤害你。不知者不为过，我们何必胡乱猜疑呢？

2. 不可反唇相讥

有人听不得半句“重话”，动辄连珠炮似的反讥。常因此挑起唇枪舌剑，使良好的关系破裂。一般说来，开玩笑的人若是得到严肃的回报，脸上常挂不住。所以，我们不能为笑话失去一个朋友，甚至给人留下心胸狭窄的印象。

3. 泰然处之

遇到人“揭短”，如果羞怯万状，既不能正常地保持沉默，又不能机智地改变处境，以至于失态，那就显得有些“小器”了。而保持泰然自若的风度，暂时把“揭短”抛置一边，寻找别的话题，或点起一支烟、端起一杯茶转移别人的视线等，才是上策。当然，最佳方案是急中生智和具幽默感。一位作家刚发表一篇小说，赞誉之声鹊起。另一位作家却不以为然，跑去问他：“这本书还不赖，是谁替你写的？”他答道：“哦，谢谢你的称赞，不过，是谁替你把它读完的？”幽默的回敬，对“揭短”者也是一种有效的应对之道。只要善用幽默，你就可以从尴尬中迅速走出来。

应对软磨硬泡中的尴尬

对付软磨硬泡中的尴尬，笑声和幽默是最好的润滑剂。有道是“伸手不打笑脸人”，受缠者很难翻脸正是继续泡下去的有利条件。

大部分的人，都会对带着笑脸的人有一份莫名的好感。明朗的脸色可以让人有安全感；阴暗的脸色，总会给人一种疑惑感、厌恶感、威吓感。因此，我们不能不注意自己是否是一副阴暗的表情。可能的话，总是让自己有一副明朗的笑脸。如此下去，对方很可能被你“笑化”，答应你的请求。

幽默有时即使带点“要赖皮”的感觉，也能得到宽容和理解。下面是一则名为《真正的勇气》的故事。

三名海军上将谈论起什么是真正的勇气。

德国将军说：“我告诉你们什么是勇气。”说完他召来一名水手，“你看见那根 100 米高的旗杆了吗？我希望你爬到顶端，举手敬礼，然后跳下来！”德国水手立即跑到旗杆前，迅速爬到顶，漂亮地敬了个礼，然后跳下来。

“呵，真出色！”美国将军称赞说。接着他对一名美国水兵命令道：“看见那根200米高的旗杆了吗？我要你爬到顶，敬礼两次，然后跳下来。”美国水兵非常出色地执行了命令。

“啊，先生们，这真是一次令人难忘的表演。”英国将军说，“但我现在要告诉你们，我们皇家海军对勇气的理解。”他命令一名水手，“我要你攀上那根高300米的旗杆顶端，敬礼三次，然后跳下来。”“什么，要我去干这种事？长官，你一定是神经错乱了！”英国水手瞪大眼睛叫了起来。“瞧，先生们，”英国将军得意地说，“这才是真正的勇气。”

毫无疑问，对于一支军队来说，具有这种“真正的勇气”的士兵越多，它也就失败得越多，甚至可以说是战无不败。但你也不得不承认，这确是真正的勇气。这位诙谐而旷达的英国将军的自我嘲讽，使得他自己连同他的部队一道都因表现出人情味而显得和蔼可亲，谁还会忍心去指责他的“无理取闹”“没有正经”呢？

幽默适度，谈吐得体

在生活中，适度、得体地开个玩笑、幽默一下，可以使周围的人轻松自在，并能营造出适于交际的轻松活跃的气氛，这也是具有幽默感的人更受欢迎的原因。如果玩笑无度，不但收不到好的效果，更会造成严重的后果。

我们都知道“一笑倾人城，再笑倾人国”的由来。

这话讲的是中国古代的大美人褒姒。周幽王和褒姒是情侣，周幽王为了向女朋友褒姒展示自己的幽默天赋竟然烽火戏诸侯，以致亡了国。

无独有偶，因在不适当的场合展示所谓的幽默而造成严重后果的还有美国前总统里根。

美国前总统里根有一次在国会开会前，为了试试麦克风是否好用，张口便说：“先生们请注意，五分钟之后，我将宣布对苏联进行轰炸。”一语既出，众皆哗然。里根在错误的场合、时间里，开了一个极为荒唐的玩笑。为此，苏联政府提出了强烈抗议。

幽默是要挑选对象的，就像音乐是给会欣赏音乐的人听的，绘画是给会品味绘画的人看的一样，找错了对象的幽默难免会造成双方的难堪。

有一次，一位男士的女同事穿着一身漂亮的新衣服来上班，他幽默地说道：“今天准备出嫁？”这其实是一种夸赞，只不过话说得委婉一点，调侃一点。

然而，他的这位女同事却是个神经质的泼妇。

她闻听此言，怒不可遏，拍案而起：“你骂人！难道我离婚了，难道我丈夫不在了？”接着又来了一大串的谩骂。

这位男士万万没有想到，他的颇为得意的幽默竟被人家当成不堪入耳的污言秽语，得到的竟是如此难堪的结局。他百口难辩，只好道歉了事。每当提及此事他都苦笑不已，因为那位女同事到处说他是个“二百五”。

为了达到开玩笑的目的，又不致造成不必要的误会，事先做一下说明是值得借鉴的。

日本人在开玩笑前很紧张，所以他们在开玩笑前要先打个招呼——以下是个笑话，然后才讲笑话，也许我们觉得这一点儿也不好笑，但日本人却会说，这“穿靴戴帽”是很必要的。因为只有这样，对方才有心理准备，不会把玩笑和严肃的话题混淆，免得造成工作上的误会；如果玩笑和对方有关，打个招呼能避免伤害到对方。日本人不仅说笑话要预告，就是要对某件事提出尖锐的批评也要先讲一句：“我有句难听话要说。”讲完后还要再加一句：“这话虽然刺耳，但是请你不要往心里去。”这就是日本人的价值认识，在日本要按照特殊的游戏规则才能通行于他们的社会生活之中。

幽默口才应当是阳春白雪，不宜任意挥霍。下面叙述运用幽默口才时应该注意的几个问题。

1. 不同辈分的人开玩笑要适当

和长辈、晚辈开玩笑忌轻佻放肆，特别忌谈男女情事。几辈同堂开玩笑要高雅、机智、幽默，能助兴，乐在其中。当同辈人开男女这方面玩笑时，自己以长辈或晚辈身份在场时，最好不要掺和，若无其事地旁听就是。

2. 和残疾人开玩笑要注意避讳

人人都怕别人用自己的短处开玩笑，残疾人尤其如此。俗话说，不要当着和尚骂秃子，瞎子面前不谈灯光。

要知道人是没有完美无缺的，他人的缺陷和不足绝不是你拿来开玩笑的材料。这种笑话会严重地伤害到对方，导致不堪设想的后果。

3. 和非血缘关系的异性单独相处时忌开玩笑

哪怕是开正经的玩笑，也往往会引起对方的反感，或者会引起旁人的猜测非议。要注意保持适当的距离，当然，在一定场合也不能拘谨别扭。

异性之间的幽默更要做到张弛有度，那些所谓的“荤段子”不但不能拉近异性之间的距离，反而会降低自己的格调，使对方认为你低俗难耐。

4. 朋友陪客时忌和朋友开玩笑

人家已有共同的话题，已经形成和谐融洽的气氛，如果你突然介入与之开玩笑，转移人家的注意力，打断人家的话题，破坏谈话的雅兴，朋友会认为你扫他的面子。

5. 莫板着脸开玩笑

到了幽默的最高境界，往往是幽默大师自己不笑，却能把你逗得前仰后合。然而在生活中，我们都不是幽默大师，很难做到这一点，那你就不要板着面孔和人家开玩笑，免得引起不必要的误会。

6. 不要总和同事开玩笑

开玩笑要掌握尺度，不要大大咧咧地总是开玩笑。这样时间久了，在同事面前就显得不够庄重，同事们也不会尊重你；在领导面前，你会显得不够成熟，不够踏实，领导也不会信任你，因而不会对你委以重任。这样做实在是得不偿失。

7. 不要以为捉弄他人也是开玩笑

捉弄别人是对别人的不尊重，会让人认为你是恶意的，而且事后也很难解释，它绝不在开玩笑的范畴之内。轻者会伤及你和同事之间的感情，重者会危及你的“饭碗”。记住“群居守口”这句话吧，不要祸从口出，否则你后悔晚矣！

8. 内容要高雅

笑料的内容取决于开玩笑者的思想情趣与文化修养。内容健康、格调高雅的笑料，不仅给对方启迪和精神上的享受，也是对自己美好形象的有力塑造。钢琴家波奇一次演奏时，发现全场有一半座位是空着，他对听众说：“朋友们，我发现这座城市的人们都很有钱，我看到你们每个人都买了两三个座位的票。”于是这半场听众放声大笑，波奇无伤大雅的玩笑话使他反败为胜。

9. 态度要友善

与人为善是开玩笑的一个原则。开玩笑的过程，是感情互相交流传递的过程，如果借着开玩笑对别人冷嘲热讽，发泄内心厌恶、不满的感情，除非是傻瓜才识不破。也许有些人不如你口齿伶俐，表面上你占了上风，但别人会认为你不能尊重他人，从而不愿与你交往。

10. 行为要适度

开玩笑除了可借助语言外，有时也可以通过行为动作来逗别人发笑，但必须适度，否则会酿成恶果。

有一对小夫妻，感情很好，整天都有开不完的玩笑。一天，丈夫摆弄鸟枪，对准妻子说："不许动，一动我就打死你。"说着真的扣动了扳机，结果，妻子被意外地打成重伤。可见，开玩笑千万不能过度。

11. 要区别对象

同样一个玩笑，能对甲开，不一定能对乙开。人的身份、性格、心情不同，对玩笑的承受能力也不同。

一般来说，后辈不宜同前辈开玩笑，下级不宜同上级开玩笑，男性不宜同女性开玩笑。在同辈人之间开玩笑，则要掌握对方的性格特征与情绪信息。

对方在性格上能宽容忍耐，玩笑稍微开大了可能也会得到谅解。对方性格内向，喜欢琢磨言外之意，开玩笑就应慎重。对方尽管平时生性开朗，但如恰好碰上不愉快或伤心事，就不能随便与之开玩笑，相反，对方性格内向，但正好喜事临门，此时与他开个玩笑，效果会出乎意料的好。没有幽默的人生是可悲的。幽默就像春日里的细雨，就像山间轻柔的小溪，它是人类的一种智慧，一种艺术，一种境界。把握好幽默的分寸，你就能很容易地为他人和自己营造出轻松、愉快的气氛，使人生这台不断运动的机器，更好地运转。

幽默还要有力度

第二次世界大战期间，英国首相丘吉尔来到华盛顿会见当时的美国总统罗斯福，要求美国与他们共同抗击德国法西斯，并给予英国物资援助。丘吉尔受到热情接待，被安排在白宫居住。一天早晨，丘吉尔正躺在浴盆里，抽着他那特大号的雪茄烟。门开了，进来的正是罗斯福。丘吉尔大腹便便，肚皮露出水面……这两个首脑人物此刻相见，不免有些尴尬。丘吉尔灵机一动，把烟头一扔，说："总统先生，我这个英国首相在您面前，可真是开诚布公，一点隐瞒也没有啊。"说完后，两个人哈哈大笑起来。随后，双方的会谈获得成功。

在这里我们不能说丘吉尔的幽默对会谈的成功起到了巨大的

作用，但他那句“一点隐瞒也没有”，不仅缓解了当时个人的窘境，而且含有坦诚求助、彼此信任的含义。罗斯福又怎能感受不到呢？

幽默能使人发笑，是启人心智的笑，是智慧的闪现。幽默能表达说话者的思想感情和人生态度，能反映出说话者的温和与宽容，是说话者表情达意的一种技巧。

侯宝林的相声《买佛龛》讲了这样一个笑话：

小甲：“大娘，出门儿啦？哈……买佛龛啦？”

大娘：“年轻人说话一点规矩没有，这是佛龛，能说‘买’吗？这得说请。”

小甲：“啊？噢，大娘，是我不懂，您这佛龛多少钱请的？”

大娘：“哎，就这么个玩意儿，八毛？”

老太太敬神敬佛，还嫌年轻人不懂规矩，可她因为心疼钱，又出口不敬，耐人寻味，寓意深刻。

我有一次和几个朋友聊天，其中一个朋友讲了这样一个故事：有个懒汉什么都不肯干，谁都不愿雇他。时间一长，他的生活过不下去，只好求亲告友替他介绍一份最轻松的工作。有人介绍他去看坟地。说实在的，没有什么比干这活更轻松的了。懒汉愉快地去了，但没过多久就回来了，并愤愤不平地对介绍人说：“我不干了。”“为什么？”“这活儿太不公平了，他们都躺着，却让我一个人站着。”朋友们听后都放声大笑，是因为懒汉的话完全出人意料。

幽默中也包含着讽刺，但是总有一种含笑的启示和智慧的火花。苏联心理学家普拉图谱夫说：“幽默在欢笑的背后隐藏着对事物的严肃态度，而讽刺却在严肃的形式背后隐藏着开玩笑。”

夫妻俩在一起聊天，丈夫对妻子说：“为什么上帝把女人造得那么美丽却又那么愚蠢呢？”妻子回答说：“这个道理很简单，把我们造得美丽，你们才会爱我们，把我们造得愚蠢，我们才会爱你们。”

美国第十六任总统林肯的长相，使人无法恭维，他自己也不避讳这一点。一次，道格拉斯指责他是两面派。林肯说：“现在，请听众来评评看，我如果还有另一副面孔的话，我会戴着现在的这副面孔吗？”结果引起听众大笑，在笑声中显出道格拉斯的荒谬。

幽默的特点是尖锐而刻薄，俏皮而不直露，蕴藏着说话者温厚善良的气度和高超的语言艺术。有人甚至这样区分人的层次：听了别人的话能笑，这个人是正常人；自己能讲笑话让别人笑，此人有幽默感；能够自己拿自己开玩笑，此人有希望成为幽默大师，因为自嘲是幽默的最高品位。

创造幽默最重要的因素是有限的语言，可利用荒谬对比、设置悬念、反转突变、认同认识造成一种包含复杂感情、充满情趣而又耐人寻味的幽默意境。

第 6 章

把陌生人变为朋友

任何深厚友谊的建立，都要经历一个由陌生到熟悉的过程。学会和陌生人交谈，既是提高个人能力的需要，也是结识新朋友、扩大社交圈的途径。

学会和陌生人谈话

任何深厚的友谊都是由陌生向成熟的阶段培养而建立的。可以说，学会和陌生人交谈，既是提高个人社交能力的需要，也是结识新友、建立人脉的重要途径。

在生活中我们常常会见到这样的现象，平时有些活泼可爱的人尤其是女青年在大庭广众之下发言，就心跳加快，手足无措，对陌生人更是不敢正视，远而拒之。可以说，大多数人都有不善于同陌生人打交道的习惯，比如，当我们赴一个规模较大的宴会的时候，大家都会有一种不约而同的想法，就是最好避免和陌生人同席，因为和熟人同席就有讲有笑，和陌生人就失去乐趣了。这种想法正是畏于交际的意识在作祟，正如走进网球场而不想练球一样可笑。

其实，所有的朋友，都是从陌生到认识再到一步步发展成为朋友的。那么，就拿宴会来说，怎样与陌生人接触、认识并成为朋友呢？说起来就太简单了，那就是交谈。在宴会上主动与人谈话，通过互致问候、探讨共同关心的话题等方式，自然也就说到一起去了。这样话匣子一打开，必然会你一言我一语，你作为其中的角色，乘机询问各自的情况，就此便认识了许多人，大家再进一步套近乎，从而很容易地使这些人都成为自己的朋友。

可能有人会说："我又不打算在社交上大出风头，我只是脚踏实地，自己干自己的，有什么必要去认识太多的朋友呀？"如果你有这种想法，那么可以告诉你，马克·吐温也不是一个靠社交出风头的人，他的主要事业只是埋头著作，他只需要天才和更多的幽默感，然而，任何人都承认，马克·吐温是一个朋友多、与朋友相处得好的人。

他曾说过："一个人，唯有善于把陌生人变成自己的朋友并相处得十分有趣味，那才有真正的快乐。"

俗话说："一回生，两回熟。"良好的开端是成功的一半。学会和陌生人交谈是结交新友，打开交往大门的一把无形的钥匙。只要掌握了主动与陌生人说话的技巧，交朋友就绝不是什么难事。

迈出沟通的第一步

每个人都不是一座孤岛。在熙来攘往中，匆匆而过的是许多生面孔。是否能抓住这些生面孔作为你人生的助力，事业的奠基石，至关重要。这就对你提出了要求，如何尽快抓住这些生面孔？介绍就是一条捷径。

介绍是社交场合中相互了解的基本方式。通过介绍，可以缩短交往双方的距离，帮助彼此不熟悉的人员更多地沟通和更深入地了解。

1. 介绍的方式

在社交场合，根据不同的介绍环境和介绍条件来划分，可以将介绍分为不同的方式。

按照社交场合的正式与否来划分，可以分为正式介绍和非正式介绍。正式介绍应严格遵守介绍程序，比如，中央首长接待外宾，首先按照职务高低先向客人一一介绍陪同人员的姓名与职务，然后是来访者向东道主一一介绍随同来访人员的职务与姓名，这种外交场合的介绍非常严格，不能有一丝疏漏。又比如举行某一会议，会议举办者应按职位高低向与会者一一介绍参加会议的领导，不能有遗漏或者姓名与职务的张冠李戴。

非正式介绍比较随便。按照介绍者的位置来划分，可以分为自我介绍、他人介绍和为他人做介绍。自我介绍和他人介绍，介绍者的我和被介绍者的我都处于当事人的位置。为他人做介绍，则介绍者处于当事人之外的位置。

按照被介绍者的身份、地位、层次来划分，可以分为重点介绍和一般介绍。对于重要的人物，如身份高者、有社会影响者、有突出贡献者、年长者和贵宾，可做重点介绍。

2. 介绍的方法

根据对介绍方式的划分，我们就其中比较重要的，并经常使用的几种方式进行分析，以期掌握不同介绍方式的具体方法。

（1）自我介绍。自我介绍是社交场合中常用的一种介绍方式。在许多人交谈或聚会的场合，如果你要和一个不相识的人谈话，首先应该做自我介绍，表明自己的身份。

自我介绍时，介绍者就是当事人。其基本程序是：先向对方点头致意，得到回应后再向对方介绍自己的姓名、身份和单位等，同时递上事先准备好的名片。也可先请问对方的姓名，待对方注意自己时，再简洁地介绍自己，若能找出与对方的相似处，则容易彼此沟通。

如果见面双方，一方是主人，一方是宾客，则作为主人一方通常应主动打招呼，以示不但知道客人来访，而且表示高兴与之会见。在向别人做自我介绍时，表情态度要自然大方，充满自信，从而增加交往的信任感，否则，会造成沟通的障碍。目前，在西方大多数国家，自我介绍的风气已经不同程度地形成，它能打破无人介绍的僵局，显露出热情和坦率。

（2）他人介绍。他人介绍，是指在社交场合由他人将你介绍给别人。由他人做介绍，自己处于当事人的位置，因此，应该站在另一位被介绍人的对面，待介绍完毕，主动与对方握手，说声“见到您真高兴”“认识您很幸运”等。也可递上自己的名片，并请对方多指教、多关照等。如对方愿意交谈，你应表示高兴交谈，对方让你稍等并表示歉意，你应说“没关系”，并耐心等待。

（3）为他人做介绍。为他人做介绍时，介绍者处于当事人之外。因此，介绍之前必须了解被介绍双方各自的身份、地位，了解双方是否有结识的愿望等。如果被介绍双方虽未谋面，但已耳闻对方秉性，只要有一方对对方无甚好感，介绍就会令人尴尬。在介绍时，应坚持特别尊重的一方有了解对方的优先权的原则，即介绍的先后顺序应当是：先向身份高者介绍身份低者；先向年长者介绍年轻者；先向主人介绍来宾；先向女士介绍男士；先向先在场者介绍后到者。在口头表达时，先称呼身份高者、年长者、主人、女士和先在场者，再将对方介绍出来，而后介绍先称呼的一方。

在介绍时，手势动作应文雅，无论介绍哪一方，都应手心朝上，手背朝下，四指并拢，拇指张开，指向被介绍的一方，并向另一方点头微笑。切忌伸出手指指来指去，尤其对年长者、身份高者更要注意。必要时，可以说明被介绍的一方与自己的关系，为双方找一些共同的谈话材料，如双方的共同爱好、共同经历或相互感兴趣的其他事物与话题，以便双方相互了解和信任。

（4）集体介绍。集体介绍一般可采取的方法有两种：一种是将一人介绍给大家。这种方法适用于在重大的活动中对于身份高者、年长者和特邀嘉宾的介绍。比如，电视台的节目主持人把身边特邀嘉宾主持介绍给直播现场的朋友和电视机前的观众朋友，“这位是著名演员 XXX，我们有幸请他（她）为我们主持节目。”介绍后，可让所有的来宾自己去结识这位被介绍者。另一种是将大家介绍给一人，这种方法适用于非正式的社交活动，使那些想结识更多的、自己所尊敬的人物的年轻者或身份低者满足自己交往的需求，由他人将那些身份高者、年长者介绍给自己。这种介绍也适用于正式的社交场合，某主要领导人对其特殊下属（如劳动模范、有突出贡献者等）的接见，还适用于两个处于平等地位的交往集体的相互介绍。

（5）商业性介绍。商业性介绍的目的，在于通过介绍使双方相识、了解、信任之后，进而建立某种贸易性的往来关系。这种介绍方式随着市场经济的发展，已被越来越多的人所认同，并对社交性介绍产生越来越大的影响。

在介绍中，不分男女老少，只凭社会地位的高低作为衡量的标准，遵从社会地位高者有了解对方的优先权的原则，在任何场合，都是将社会地位低者介绍给社会地位高者。这是商业性介绍的显著特点，成为一种约定俗成的介绍惯例。如介绍时可说：“张总经理，这是我的秘书方小姐，请多关照。”然后才说：“方小姐，这是 XX 公司的张总经理。”

当你把介绍作为与陌生人交流的桥梁，你就会发现，原来生活是如此奇妙，就那么短短几分钟，你与陌生人成了朋友，你们无所不谈，不知不觉间，很多问题解决了，你的前行之路无比宽广。

巧找话题缩短距离

交谈是增进人与人之间情感的润滑剂。很多人认为，与陌生人交谈困难重重。其实并不是这么回事。

有人说："交谈中要学会没话找话的本领。"所谓"找话"就是"找话题"。写文章，有了个好题目，往往会文思泉涌，一挥而就；交谈，有了个好话题，就能使谈话融洽自如。

与陌生人开口交谈关键是要找到共同点。你可以从一个人的服饰、举止、谈吐看出他的心情、精神状态和生活习惯。开始谈话前首先看对方与自己有何相同之处。例如，他和你一样都穿了一双耐克气垫运动鞋，你可以以耐克鞋为话题开始你们的谈话。与陌生人交谈，你最好寻找对方也熟悉的人和事，以此牵线搭桥，引出话题。尤其是双方都与之关系很深的人和事。当谈到此类话题时，你们之间的距离就会很快缩短。

与陌生人交谈，还可以巧妙地借用彼时、彼地、别人的某些材料为题，借此引发交谈。有人善于借助对方的姓名、籍贯、年龄、服饰、居室等，即兴引出话题，常常会收到好的效果。

与陌生人交谈时，还可以先提一些“投石”式的问题，在大略了解后再有目的地交谈，便能说得更加自如。如在聚会时见到陌生的邻座，便可先“投石”询问：“你和主人是老乡还是老同学？”无论问话的前半句对，还是后半句对，都可循着对的方面交谈下去；如果问得都不对，对方回答说是“老同事”那也可谈下去。

如果能问明陌生人的兴趣，循趣发问，便能顺利地进入话题。如对方喜爱象棋，便可以此为话题，谈下棋的情趣，车、马、炮的运用，等等。如果你对下棋略通一二，那肯定谈得投机。如果你对下棋不太了解，那也正是个学习机会，可静心倾听，适时提问，借此大开眼界。

引发话题的方法很多，诸如“借事生题”法、“即景出题”法、“由情入题”法等。可巧妙地从某事、某景、某种情感，引出一番议论。引发话题，类似“抽线头”“插路标”，重点在引，目的在导出话茬儿。

与陌生人聊，当互道“你好”后不知说什么时，可参考以下例句。

（1）通用问题类：（对谁都合适，虽无实质内容，但一问一答保证不冷场）你常来吗？我没见过你呀，住得远吗？每周来几次？每次待多久？认识多少人了？还去过哪里？你认为哪里的人比较多，比较好？你是怎么知道这个地方的？……此类交谈的作用是初步观察对方的相貌、教养、言谈、风度等是否让人喜欢。

（2）相互了解类：（进一步了解性格、兴趣、爱好、层次，相互讨论，心理交流，让对方也了解你）你有固定朋友吗？以前有过吗？你觉得固定好还是不固定好？你对一夜情怎么看？你喜欢比较女性化的吗？那边那个人的衣服你觉得好看吗？平常喜欢什么运动？没事时都干什么？爱听谁的歌？爱看哪部电影？喜欢哪位运动名星？……好，现在，你基本已知道他是不是你所喜欢的人了，也大致知道他可不可能喜欢你。

（3）实质结局类：（你出来是交友的，不是聊天的，都聊了快半小时啦，不摊牌还等什么）

结局 A：对不起，我想去那边转转。抱歉，我有事得回去了。我有熟人，我要去和他说几句话。失陪了，我怕赶不上车（他不是我喜欢的人，或我不是他喜欢的人，良宵苦短，快快告辞，另寻目标。告别时要保持双方的良好印象，虽然现在觉着不合适，但人是很容易改变的）……

结局 B：这是我的电话（呼机、e-mail），有空联系。你能给我你的电话吗？你一般什么时候来，下次我等你。我有两张展览票，一起去看吧。后天去游泳好吗（今天有事，不能进一步，来日方长，以后有机会）？

结局 C：你出来不会是光转转的吧？我觉得你挺好的，我们到那边坐一会儿，那里没人。你愿意去我那里吗？我可以抱你一下吗（情投意合，还等什么）？

以上例句仅供参考。每人性格不同，思路各异，也没什么固定套路，只要气氛融洽，双方了解，最后跟着感觉走就是了。不过，交谈时间不必太长，二十分钟足够，长了让人烦。当你真正掌握与陌生人交谈的窍门，你会惊奇地发现，原来与陌生人交谈是这么容易。

轻松与陌生人打交道

交谈是每个人一生都要做的事。有的人认为，不就是说说话嘛，似乎交谈简单得不得了，其实并非如此。交谈也是要讲究技巧的。

1. 注意对方的眼神

再也没有比当你对他讲话而他却环顾四周更令人难堪的了。有些人边讲话边环顾四周，而有些人听话时东张西望。这两种人都不是一个好的、注意力集中的谈话者。在任何人对你讲话时，都要注视他或她，不是紧紧地盯着，而是一直看着，这样你会从对方的眼睛里读懂很多东西，而且你的专注也会给对方以力量。在别人对你讲话时，你千万不要环顾整个房间。否则你的心不在焉只能使对方失去谈话的兴趣，以致中断谈话。

2. 不做交谈中的大独裁者

在我们周围到处都有交谈中的大独裁者，希望你不是其中的一个。注意听自己在讲些什么，是一个好主意。例如，注意自己是否是一个盛气凌人的人，是否是一个独裁的人，是否是一个固执己见的人，是否是一个不给别人机会阐述不同意见的人，或注意是否有人在听你讲时要离开，或看上去在绝望地环顾四周要找一个最近的路逃开。

讨厌的人的定义之一是“当别人想对他讲自己的事时，他只讲他自己”。另一种更准确的描述为：一个坚持讲别人根本不想听的事的人。这些人坚持要别人听到最后，尽管别人已经明显地表现出不耐烦。

这是一些人性格中的一部分，并已根深蒂固，所以要改掉很难。如果你发现自己在谈话中有独裁特点，那么在下次谈话时只要把嘴闭上认真听就可以了，不管你有什么不得不说。如果害怕自己会令人生厌，尽量看报纸或杂志，找一个有兴趣的话题研究研究，例如环保等，一定是每个人都关心的。丰富的知识不仅会使自己加入谈话，而且会传递有趣的信息。

如果有人重复你听了至少两遍的故事，这样说是没有问题的：“哦，是的，我记得当那个人倒下的时候，您是如何让每个人都靠后的。您一定救了他的命。”然后转换话题。如果你是对话中的一员，有人在重复一个故事，你可以悄悄离开。如果有人注意到了，你可以说："哦，我知道这件事。对不起，我一会儿就回来。"

3. 小心回答私人问题

如果有人询问你新买的衣服的价钱，除非很亲密的人，其实你没有义务为他提供有关信息。你只要回答"我不知道（或我不记得）花了多少钱"即可。

关于钱的询问通常是不合适的，应该置之不理。可以说"如果您不介意的话，我不说这件事。关于生活的费用，太让人提不起情绪……"然后改变话题。

另一个类似于窥探的问题是"你是干什么的"。最好在对方指明了知识领域后询问对方的工作，或在谈论与工作相关的特殊话题，然后可以问："您在这个领域中工作吗？"

4. 该闭嘴时就闭嘴

永远不要遗憾没有把话说出来。闭上嘴让别人认为自己是个傻子比张开嘴什么都说要好。不要装作什么都懂，真正聪明的人从不犹犹豫豫地说"我不知道"。

说话随便的人容易说得太多，有时造成不谨慎。有丰富想象力的人总是在言谈中不可靠。在谈话中，中间的路总是最好的，正如很多事情一样。要知道什么时候该听别人讲话，也要知道什么时候该轮到自己讲话。

不要重复讲自己，很多事情简单地讲述或第一次讲都很有趣，但没有任何事值得重讲。

5. 三思而后说

几乎所有在谈话中出现的失误或错误，都是由于没有认真考虑或缺乏考虑造成的。多数情况下没有人提醒我们说话时欠考虑和没有考虑。只要注意听一下自己讲的话和对方的反应就可以发现自己的不足。说话之前三思是我们自己的事。

6. 适时回避交谈

面对吹捧者。优秀的交谈者不会没完没了地吹捧别人的工作做得多么好或他的儿子多么出色。当谈话陷入吹捧时，可礼貌地加入自己的评论以转换话题。如果他给您讲关于他自己耸人听闻的故事，最好的办法是尽快找理由离开，除非您很感兴趣。

很多人喜欢问："您多大年龄？"这是许多人不喜欢的，而且这是一个缺乏考虑的问题。但是，经常有人问这个问题，当然也有许多办法来回避它。您可以说："噢！足够大了。"你还可以告诉他一个大概的年龄，例如，超过 21 岁，或用一个自己喜欢的数字："29（或 39、49，等等）。"如果有人坚持问，就告诉他："很明显了，我并不想告诉您，您有必要知道吗？"

面对侮辱。如果在你面前有人诋毁一个团体、一个人或一个国家，你该怎么说呢？诚恳地告诉他，他的言论是令人讨厌的，不再想听到这样的话了，然后走开。或者说："我们不谈这个话题。"然后开始另一个话题。每次加入一个道德、种族或其他诋毁个人的谈话时，不管是真正诋毁还是开玩笑，都在锻炼你的容忍能力。只要注意了以上技巧，你就会和别人轻松交谈，你就是一个成功的人。

切忌一个人唱独角戏

交谈，就是互相交替谈话，而不是一方发表演说。只有这样，才能达到理想的谈话效果。

现实生活中，有人很健谈，说起话来滔滔不绝，口若悬河，没有对方插嘴说话的机会。这样的习惯是很不友好的。既然是交谈，就不能一个人唱独角戏，只管自己说得痛快，让别人插不上嘴。相反，当自己谈了对某一问题的看法时，就要有意地“打住话头”，请对方谈谈有什么想法。这既是为了使谈话更为深入，也是对对方的尊重。

在与陌生人交谈时，别以为自己必须一直说下去，要把说话的机会留给对方。学会倾听，让对方多讲话，反而有益于自己。

有一位在报社任职多年的记者，后来成了一家大企业的部门主任，薪水上涨了几倍。认识这位记者的人都知道，他身材矮小，口才一般，又没有任何耀人的学历。这样的人何以在数十个应征者中脱颖而出呢？

原来他在接到面谈通知时，立刻去图书馆查资料，知道了这家企业创办人的生平背景。

从背景资料中他发现，这位企业负责人早年进过牢狱，这些不足为人道的事被这位记者暗记在心。同时他知道这个大老板在出狱后，从一个路边的水果零售店做起，后来涉足建筑业，最后才有了现在的大企业。

这位记者在面谈时，说："我很希望在这样组织健全的大企业效力，听说您当年只身南下闯天下，由一个小小的水果摊开始，到今日领导万人以上的企业……"

那个大老板有段不堪回首的牢狱生涯，所以从不愿提起过去。不料这个记者能避开那不光彩的一面，直接把出狱后的创业和他南下闯天下连起来。这样他就名正言顺地说起了他的成功史，说得超过面谈时间了，大老板还是意犹未尽。

最奇怪的是，原本面谈应该是应聘的听，招聘的说，而这位记者几乎不用说任何与将来有关的计划，甚至连自己那毫不傲人的学历也不用提到，只要当听众就行了。

如果这个记者滔滔不绝地介绍自己，说自己如何如何，把自己夸耀一番，肯定会出现另一种结局。

把说话的机会留给对方，让对方多说话，是交谈的一项绝招。若要交谈成功，还是少唱"独角戏"，多来"二人转"为好。

展示交谈的魅力

与陌生人谈话是有技巧的。擅长谈话技巧的人，能够利用言语使对方产生好感。要想做到这一点，就必须眼界放得远些，谈话内容不妨从大事着手，注意速度的平顺流畅，使对方不由自主地受到吸引。

初次的会面如果让对方回味无穷，自然就盼望有第二次的见面，这就是人际交往的最高境界。然而怎样才能做到这一点呢？最重要的就是善于制造余韵无穷的谈话，让对方在离去后仍旧不断咀嚼这次谈话。

一般来说，谈话的话题应该视对方的情形而定，再好的话题，若不能符合对方的需要，就无法引起对方的兴趣。最好是想办法引出两人都感兴趣的话题，才能聊得投机，然后再设法慢慢地把话题引进自己所要谈论的范围内。

某一年某部委的领导会见英国的一位企业家，在亲切友好的会见中，该领导谈笑风生。他说："这几天北京的天气很好，这也是对贵宾的欢迎。当然，北京的天气比较干燥，要是能'借'

一点儿伦敦的雾，就更好了。我小时候就听说伦敦有雾，在巴黎时，听说登上巴黎铁塔，就可以望得见伦敦的雾。我曾登上过两次，可是很不巧，天气都不好，没有看到伦敦的雾。”

该企业家说：“伦敦的雾是工业革命时期的产物，现在没有了。”

该领导又风趣地说：“那么，‘借’你们的雾就更困难了。”

企业家说：“可以‘借’点儿雨给你们，雨比雾好。你们可以‘借’点儿阳光给我们。”

在这段对话中，双方都在谈“天气”，谈“雾”，谈“雨”，谈“阳光”，这是极标准的“寒暄”了吧？但是从这寒暄之中，双方已开始联络感情，为进一步会谈打下良好的基础。企业家说“伦敦的雾是工业革命时期的产物，现在没有了”，言语间流露出英国工业历史悠久而且环境治理成效显著的自豪感，而“借”雾、“借”雨、“借”阳光之类的言辞，也委婉而巧妙地传达着双方有着互助互利、友好合作的诚意。要这样聊天，谁能说不值得回味呢？

要让谈话留有余韵，必须使用优美的言辞，假如为了加强印象，故意讲些粗鲁的话，反而会增加对方的不愉快，弄巧成拙。所以为了使对方对你产生好感，必须言语和善，讲话前先斟酌思量，不要脱口说出伤人的话，破坏周围的人际关系。

只要你善于讲话，使人回味无穷，你的魅力就展现了出来，陌生人也会在不知不觉间被你吸引，成为你的朋友。这样，你的朋友将一天多过一天。

第7章

求人办事不难

在求人办事的过程中，正确的说话方式和技巧很重要。话说得好，就可以处理好人与人的交往，让对方愿意了解你的需求、你的想法，直至同意你的请求，才有可能把事情办好、办成功。

劝服是求人办事的利器

善于劝说，是一种极为可贵的能力。在求人办事的过程中，若能掌握一些说服人的技巧，你的努力就会收到意想不到的效果。一个人的说服力并不是一个常数，它是可以用巧妙的表达技巧来增强的。以下几点，是可以帮助你增强说服力的经验之谈。

1. 论据要坚实

什么样的论据才有说服力？这是一个很值得重视的问题。一个很基本的要求就是论据要坚实可靠，不可使人产生不信任感。向听者提供切实的资料比提供主张更有力。但对于一个犹豫不决的人来说，资料来源也是很有影响的，并且其影响之深不亚于资料本身。这并非因为人们只信任特定来源而不信任其他的来源，而是因为他们听到引述的话来自十分可信的权威，便不会再为自己的成见辩护。这是一种非常奇妙的心理作用。不过，引述权威的意见也不宜过分，过犹不及。资料太多也可能引起听者的反感。

2. 运用经验和例证

善于做劝服工作的人都知道，我们做事受个人的具体经验的影响比受空空洞洞的大道理的影响要大得多。对于一个病人来说，如果医生劝她服某种药物，即使医生再三证明这种药物有效，说了许多的药理知识和道理，病人总还是不免心存疑虑。但如果换一种方法试试，如医生告诉她：我自己也服这种药，只用了一个疗程就大病痊愈了。听了这样活生生的个人体验，病人一定再也不会有所顾虑了。

心理学家莫恩在研究这种方法的效果时发现，成功的推销员往往使用具体的例证向顾客说明：他们现在的选择已有人做过。

不少人认为，说服力很神秘，是人的天赋所致。实际上，它也是可以学习和提高的。只要你掌握了一些说服人的真正技巧，那么你便不怕说不服人，你就可以尝到求人办事成功的甜美之果。

3. 站在听众一边

心理学家的研究表明，要改变别人的想法，劝说者必须与听众站在一边，两者的关系越融洽，劝说的话便越容易入耳，这是因为人类有一个共同的天性，即喜欢听“自己人”说的话。纽约市立大学、布鲁克林学院的心理学家哈斯也说过：“一个酿酒专家也许能告诉你许多理由为什么某一种牌子的啤酒比另一种牌子的好。但如果你的朋友，不管他对啤酒是否在行，教你选购某种啤酒，你很可能听他的。”

另一位心理学家莫恩在加利福尼亚州一个海滩上搞了一个传播训练公司，他发现，最佳商品推销员都能模仿顾客的声调、音量和言辞，表现顾客的姿态和情调，甚至还能下意识地在呼吸动作上与顾客相协调，好像是一架绝妙的反馈机器，把顾客发出的每一个信号反射回去。

毋庸讳言，这种由于在具体行动上，甚至是些很微不足道的方面表现出来的在感情上与你的听众的亲近感与认同感，往往会使你得到巨大的感情回报和共鸣。一旦建立了这种感情共鸣，还需要什么苦口婆心的劝诫与说服呢？

4. 考虑听者处境

假如你要到隔壁去，请那里的新婚夫妇参加一项公益活动，你采用什么方法才能引起他们的兴趣？

平庸的劝说者可能会直截了当地说一番大道理，而善于劝人者则会先考虑对方的处境，赢得听者的信任。如果对方说自己正为某事烦恼，劝说者便会对他说："我理解你为什么会有这种感觉。要是我处在你的位置，也同样会烦恼的。"这样就既表示了对人的同情，设身处地地为人留下了广阔的空间，同时又巧妙地赢得了对方的注意。

善劝者听见对方反驳自己的话时，也会做出反应，但绝不会反驳。她会把反对的话重复一遍，承认其有道理。很多研究表明：劝说时，照顾双方的意见，比只提供单方面意见的说服力强得多。

“套近乎”的技巧

套近乎是交际中与陌生人、尊长、上司等沟通情感的有效方式。套近乎的技巧就是在交际双方的经历、志趣、追求、爱好等方面寻找共同点，诱发共同语言，为交际创造一个良好的氛围，进而赢得对方的支持与合作。

外交史上有一则通过套近乎而顺利达成谈判目的的轶事。

一位日本议员去见埃及总统纳赛尔，由于两人的性格、经历、生活情趣、政治抱负相距甚远，总统对这位日本议员不大感兴趣。日本议员为了不辱使命，搞好与埃及当局的关系，会见前进行了多方面的分析，最后决定以套近乎的方式打动纳赛尔，达到会谈的目的。下面是双方的谈话：

议员：阁下，尼罗河与纳赛尔，在我们日本是妇孺皆知的。我与其称阁下为总统，不如称您为上校吧，因为我也曾是军人，也和您一样，跟英国人打过仗。

纳赛尔：唔……

议员：英国人骂您是“尼罗河的希特勒”，他们也骂我是“马来西亚之虎”。我读过阁下的《革命哲学》，曾把它同希特勒《我的奋斗》做比较，发现希特勒是实力至上的，而阁下则充满幽默感。

纳赛尔：（十分兴奋）呵，我所写的那本书，是革命之后，三个月匆匆写成的。你说得对，我除了实力之外，还注重人情味。

议员：对呀！我们军人也需要人情。我在马来西亚作战时，一把短刀从不离身，目的不在杀人，而是保卫自己。阿拉伯人现在为独立而战，也正是为了防卫，如同我那时的短刀一样。

纳赛尔：（大喜）阁下说得真好，以后欢迎你每年来一次。

此时，日本议员顺势转入正题，开始谈两国的关系与贸易，并愉快地合影留念。

日本人的套近乎策略终于产生了奇效。

在这段会谈的一开始，日本人就把总统称作上校，降了对方不少级别，挨过英国人的骂，按说也不是什么光彩事，但对于军人出身、崇尚武力，并获得自由独立战争胜利的纳赛尔听来，却颇有荣耀感。没有希特勒的实力与手腕，没有幽默感与人情味，自己又何以能从上校到总统呢？接下来，日本人又以读过他的《革命哲学》，称赞他的实力与人情味，并进一步称赞了阿拉伯战争的正义性。这不但准确地刺激了纳赛尔的“兴奋点”，而且百分之百地迎合了他的口味，使日本人的话收到了预想的奇效。日本议员先后五处运用寻找共同点的办法使纳赛尔从“不感兴趣”到“十分兴奋”而至“大喜”，可见日本人套近乎的功力不浅。

这位日本议员的成功，给我们一个重要启示：不能打无准备之仗，有备而来才能套得近乎，并且套得结实，套得牢靠。

巧说托人的话题

随机应变是一种相当微妙的品质，很难精确地对其进行定义。但是毫无疑问，对那些渴望迅捷地在这个世界上成就一番事业的人来说，这种品质是必不可少的。

开口托人办事毕竟是件难事，但如果掌握了技巧，随机应变，难事也就变得容易了。

1. 借别人的口说自己的话

有这样一个真实的事例：

西安事变前夕，张学良和杨虎城频繁晤面，都有心对蒋介石发难。可在对方没亮明态度之前，谁也不敢轻易开口。眼见时间越来越近，双方都是欲说还休。杨虎城手下有个著名的共产党员叫王炳南，张学良也认识，在又一次的晤面中，杨虎城便以他投石问路，说道："王炳南是个激进分子，他主张扣留蒋介石……"张学良及时接口道："我看这也不失为一个办法。"于是两个聪明的将军开始商谈行动计划。

2. 用虚话套实话

做老实人、说老实话，应是为人的一条准则，但直炮筒子未必处处受欢迎，特别有时连自己也不明白要说的是不是实话，那该怎么办呢？

张某托好友王局长为自己办件事，忽然听说他被捕“进去了”，又不知真假，就到张家探望。确实只有局长夫人在家，满脸愁容。张某开口道：“老王怎么没在家呀？”果然张夫人长叹一声：“唉！心脏病又犯了，昨天送进医院了……”

原来如此！如果，张某实话询问王局长是否真的被捕了，那场面如何？张某是这样设想的：如果王局长真的被捕了，其夫人自然会实情相告。虚虚实实，转换自如，毫不唐突。

3. 用轻松幽默的玩笑话说实事

轻松幽默的话题，往往能引起感情上的愉悦；庄重严肃的话题会使人紧张慎重。只要有可能，最好能把庄重严肃的话题用轻松幽默的形式说出来，这样对方可能更容易接受。

一个年轻打工者在一家外资企业打工，在较短的时间内，连续两次提出合理化建议，使生产成本分别下降 30% 和 20%。洋老板非常高兴，对他说：“小伙子，好好干，我不会亏待你的。”

这青年当然知道这句话可能意义重大，也可能不值一文。他想要点实在的，便轻松一笑，说：“我想你会把这句话放到我的薪水袋里。”洋老板会心一笑，爽快应道：“会的，一定会的。”不久他就获得了一个大红包和加薪奖励！

面对老板的鼓励，青年人如果不是这样俏皮，而是坐下来认真严肃地提出加薪要求，并摆出理由若干条，岂不大煞风景，甚至适得其反。

4. 绕个弯子套对方说话

有时，一些话自己说出来显得尴尬，这时，诱导对方先开口无疑是上上之策。

王某准备借助于好友赵某的路子做笔生意，在他将一笔巨款交给赵某的第二天，赵某暴病身亡。王某立刻陷入了两难境地：若开口追款，太刺激赵某的未亡人；若不提此事，自己的局面又难以支撑。

帮忙料理完后事，王某是这样对赵夫人说的："真没想到赵哥走得这么早，我们的合作才开始呢。这样吧，嫂子，赵哥的那些关系户你也认识，你就出面把这笔生意继续做下去吧！需要我跑腿的时候尽管说，吃苦花力气的事情我不怕。"

看他丝毫没有追款的意思，还豪气冲天，又颇感人，其实他明知赵妻没有能力也没有心思干下去。话中又加上巧妙的提醒：我只能跑腿花力气，却不熟络那些门路；困难不小还又时不我待。

结果呢？赵妻反过来安慰他道："这次出事让你生意上受损失了，我也没法干下去，你还是把钱拿回去再找机会吧。"

5. 客客气气请求帮助

托人办事既然有求于人，因此开口说话就需要客气一些，这样别人心情就会愉悦，谈兴更浓。那么，怎么说话才算客气呢？以商量的口气把要办的事说出来，如“能不能快点把这事给办一下？”“这事给办一下是不是可以？”

装作自己没把握，把请求、建议等表达出来，给对方和自己留下充分的退路。例如，你可能不愿意去，不过我还是想麻烦你去一趟。

在别人或者向别人提出建议时，如果在话语中表示人家可能不具备有关条件或意愿，那就不要强人所难，自己也显得很有分寸。先提出部分要求，以便对方顺利接受，然后再步步深入。例如，你帮我解决这一步就可以了，其余的我自己想办法。

我们确实经常发现，人们在提出某些请求时往往会把大事说小，这并不是变着法儿使唤人，而是适当减轻给别人带来的心理压力，同时也使自己便于启齿。

谦逊便是礼貌，通过抬高对方、贬低自己的方法把有关请求等表达出来，显得彬彬有礼、十分恭敬。例如，您老就不要推辞了，弟子们都在恭候呢！

请求别人帮助，最为传统有效的做法是尽量表示真诚，使人家感到备受尊重，乐于从命。

有些事要先把问题的难度说出来，让人觉得你是不得已而为之，明知自己不该说但还得说。例如，真不该在这时候打搅您，但是实在没有办法，只好麻烦您一下。我知道你手头也不宽裕，不过实在没办法，只好向你借一借。如果把托人办事的原因说出来，向对方交个底，就会引起对方好感，令人欣然接受。例如，隔行如隔山，我一点儿也不知道人家那边的规矩。你是内行，就替我办了吧！

如果表示请求对方谅解，然后再把自己的愿望或请求等表达出来，以免过于唐突，则说起来更让人觉得容易接受。例如，恕我冒昧，这次又来麻烦你了。请求别人原谅，这是礼貌语言交际最有效的方法。人们常常使用这种方式来进行交流，显得比较友好、和谐。

攻克对方的心理防线

求人办事就是要说服别人帮助自己，而说服别人最大的障碍就是攻克对方的心理防线，消除对方由于对你的诚意表示怀疑而产生的戒备。否则，这道防线将像一堵墙，使你的话说不到他的心里去，甚至让他产生反感。

那么，怎样说话才能突破对方的心理防线呢？不妨用用下面的方法。

1. 利用同步心理话语

同步心理就是，凡事想跟他人同步调、同节奏，也就是“追随潮流主义”，是那种想过他人向往的生活、不愿落于潮流之后的心理。正是由于这种心理的存在，那种不顾自身财力、精力，甚至是否真心愿意而豁出去做的念头，就很容易乘虚而入，支配人们的行为，促使人们盲目做出与他人相同的举动。

通常人们在受到这类刺激后就很容易变得没主见，掉入盲目附和的陷阱中。所以推销员或店员经常会搬出“大家都在用”或“有名的人也都用”等推销话语，促使人们毫不犹豫地接受。

2. 利用逆反心理话语

当别人告诉你“不准看”时，你就偏偏要看，这就是一种“逆反心理”。这种欲望被禁止的程度愈强烈，它所产生的抗拒心理也就愈大。所以如果能善于利用这种心理倾向，就可以将顽固的反对者软化，使其固执的态度做一百八十度的大转变。

3. 利用对方的危机感话语

在一定的条件下，每个人都会产生某种危机感，这种意识使他心生恐惧，并由此激发出强烈的要求上进的愿望。如果你能把握住他的这种危机感，就能有针对性地采用相应的对策。

在与人交流中如果你能洞悉他的内心，巧妙地刺激对方的隐衷，使他内心的想法完全暴露出来，就能找到他的危机感。这个危机感就是你说服他的一把利器。

4. 树立共同敌人话语

在说服别人时，要懂得将小的共同点扩大，树立“共同的敌人”，使对方有同仇敌忾的感觉。《孙子兵法》中有“吴越同舟”这么一成语，原意是讲吴国和越国本是敌对的双方，但因同时面对魏国的威胁，在不得已的情况下，两国只好尽释前嫌，以对付共同的敌人。“吴越同舟”的故事就是由此产生的。

一旦出现了强大的共同敌人时，即使是敌对的两方，也会摇身一变，而成为合作的对象。

只要善于突破对方的心理防线，就可以争取对方的理解和支持，为自己赢得助力。

另辟蹊径找话题

有人说：“交谈中要学会没话找话说的本领。”这在求人办事的说话过程中相当重要。没话找话说的关键是要善于找话题，或者根据某事引出话题。因为话题是初步交谈的媒介，是深入细谈的基础，是纵情畅谈的开端。没有话题，谈话是很难顺利进行下去的。那么，怎么找到话题呢？

1. 中心开花

面对众多的陌生人，要选择众人关心的事件为话题，把话题对准大家的兴奋中心。这类话题是大家想谈、爱谈又能谈的，人人有话，自然能说个不停，以致引起许多人的议论和发言，导致“语花”飞溅。

2. 即兴引入

巧妙地借用彼时、彼地、彼人的某些材料为题，借此引发交谈。有人善于借助对方的姓名、籍贯、年龄、服饰、居室等，即兴引出话题，常能收到好的效果。“即兴引入”法的优点是灵活自然，就地取材，其关键是要思维敏捷，能做由此及彼的联想。

3. 投石问路

向河水中投块石子，探明水的深浅再前进，就能有把握地过河；与陌生人交谈，先提一些“投石”式的问题，在略有了解后再有目的地交谈，便能谈得更为自如。如“老兄在哪儿发财？”“您孩子多大了？”

4. 循趣入题

问明他人的兴趣，循趣发问，能顺利地进入话题。如对方喜爱足球，便可以此为话题，谈最近的精彩赛事，某球星在场上的表现，以及中国队与外国队的差距等，都可以作为话题而引起对方的谈兴，类似“抽线头”“插路标”，重点在引，目的在于导出对方的话茬儿。

5. 变“生”为“故”

孔子说，“道不同，不相为谋”，只有志同道合，才能谈得拢。我国有许多“一见如故”的美谈，陌生人要能谈得投机，要在“故”

字上做文章，变“生”为“故”。下面是变“生”为“故”的几个方法。

（1）适时切入。看准情势，不放过应当说话的机会，适时插入交谈，适时地“自我表现”，能让对方充分了解自己。

交谈是双边互动，光了解对方，不让对方了解自己，同样难以深谈。陌生人如能从你“切入”式的谈话中获取教益，双方会更亲近。适时切入，能把你的知识主动有效地献给对方，实际上符合“互补”原则，奠定了“情投意合”的基础。

（2）借用媒介。寻找自己与陌生人之间的媒介物，以此找出共同语言，缩短双方距离。如见一位陌生人手里拿着一件东西，可问“这是什么？……看来你在这方面一定是个行家。正巧我有个问题想向你请教。”对别人的一切显出浓厚兴趣，通过媒介物引发表露自我，交谈也会顺利进行。

（3）留有余地。留些空缺让对方接口，使对方感到双方的心是相通的，交谈是和谐的，进而缩短距离。因此，和陌生人交谈，千万不要把话讲完，把自己的观点讲死，而应是虚怀若谷，欢迎探讨。

在求人办事的过程中，一定要善于找话题。只要你找到了话题，就可以与他人轻松交谈，最终求人成功。

友好地赖着对方

在求人办事的过程中，有时你怀着一片热心找到对方头上，对方能办，可就是找各种各样的借口和理由搪塞、推托和拒绝，搞得你无能为力，无可奈何，无计可施。有些人在这种情况下只好打退堂鼓，撤回来了事，也不再另行组织进攻了。但也有一部分性格顽强、不达目的誓不罢休的人，他们采用软磨硬泡法，友好地赖着对方的时间，赖着对方的情面，甚至赖着对方的地盘，不答应就是不撤退，不把事情办成就是不回头，搞得对方急不得恼不得，最后不得不答应了他的要求。

“软磨硬泡”的特色是以消极的形式争取积极的效果，通过消耗彼此的时间和精力，给对方施加压力，从而达到影响对方态度和改变对方态度的目的。具体说来，软磨硬泡这种方法有如下几种小窍门。

1. 控制住自己的情绪

在办事的过程中，能不能控制因外界的刺激所产生的情绪，对于办事的成功与失败，有决定作用。应依据不同的办事对象及办事环境的需要，做到处险而不惊，遇变而不怒。

2. 耐心周旋

我们在找人办事时，既要有自尊，但又不要抱着自尊不放，为了达到交际目的，有必要增强抗挫折的能力，碰个钉脸不红心不跳，不气不恼，照样微笑与人周旋，只要还有一丝希望就要全力争取，不达目的决不罢休。有这样顽强的意志就能把事情办成。

3. 积极跟踪

俗话说："人心都是肉长的。"不管双方认识距离有多大，只要你善于用行动证明你的诚意，就会促使对方去思索，进而理解你的苦心，从固执的框子里跳出来，那时你就将"泡"出希望了。

4. 反复申请

对同样的意思，要反复申请、反复渲染、反复强调，不达目的，誓不罢休。面对顽固的对手，这是一种有力的武器。

运用这种说服法，须有坚韧的性格，内坚外韧，对一度的失败绝不灰心，找机会反复地盯上门去，必然会如愿以偿。需要注意的是，运用此法要有分寸，超过限度，伤害了对方的感情，反而会得到反效果。所以要谨慎处理，以不过度为限。软磨硬泡是办难事的一种特殊手段，之所以特殊是因为这一手段如果用好了可以打动对方，但是，一旦用不好也能将事情搞砸。因此，如何在对方的耐心所能承受的最大限度内加以运用，使对方不致生厌恶之心，是软磨硬泡的重要一环。

很多事情往往就在于能不能坚持，坚持下去就会成功。这就需要放下自己的颜面，即使软磨硬泡又何妨。

激发同情心，难事不难办

是人都具有同情心，是事都可用情办成，面对求情者的眼泪和哭诉，听者就是铁石心肠，也免不了会动心的。

并不是说，凡求人办事都要摆出一副可怜兮兮的样子，流下几滴眼泪。而是说，当我们在求人解决问题时，应该调动听者的同情心，使听者首先从感情上与你靠近，产生共鸣。这就为你问题的解决与事情的办成打下了基础。人心都是肉长的，只要你将受害的情况和你内心的痛苦如实地说出来，处理者是会动心的。

美国曾有一位老妇人向正在律师事务所办公的林肯律师哭诉她的不幸遭遇。原来，她是位孤寡老人，丈夫在独立战争中为国捐躯，她靠抚恤金维持生活。前不久，抚恤金出纳员勒索她，要她交一笔手续费才可领取抚恤金，而这笔手续费是抚恤金的一半。林肯听后十分气愤，决定免费为老妇人辩护。由于出纳员是口头勒索，没有留下任何凭据，因而指责原告无中生有，形势对林肯极为不利。但他十分沉着、坚定，他眼含着泪花，回顾了英帝国主义对殖民地人民的压迫，爱国志士如何奋起反抗，如何忍饥挨饿地在冰雪中战斗，为了美国的独立而抛头颅、洒热血的历史。最后，他说：

“现在，一切都成为过去。1776年的英雄，早已长眠地下，可是他们那衰老而又可怜的夫人，就在我们面前，要求申诉。这位老妇人从前也是位美丽的少女，曾与丈夫有过幸福的生活。不过，现在她已失去了一切，变得贫困无靠。然而，享受着烈士们争取来的自由幸福的某些人，还要勒索她那一点微不足道的抚恤金，有良心吗？她无依无靠，不得不向我们请求保护时，试问，我们能熟视无睹吗？”

法庭里充满哭泣声，法官的眼圈也发红了，被告的良心也被唤醒，再也不矢口否认了。法庭最后通过了保护烈士遗孀不受勒索的判决。

没有证据的官司很难打赢，然而林肯成功了。这应归功于他的情绪感染，驾驭了听众及被告的心理，达到了理智与情绪的有机统一。

同情心可以促进当权者对受害人的理解，但这并不等于说马上就会下定处理的决心。因为处理者要考虑多方面的情况，有时会处于犹豫之中，甚至会抱着多一事不如少一事的态度，不想过问。这时候，求情办事者就得努力激发被求者的责任感，要使被求者知道，这是在他职责范围内的事，他有责任处理此事，而且能够处理好此事。

有位教师，教学科研成绩突出，各项条件具备，但职称总评不上，原因是他与校领导关系不好。此君上告到上级主管领导处，虽然竭尽所能引起领导对自己处境的同情，但仍收效不大，这位领导听后反而推辞说："评不上是你学校的问题，学校不上报，我又有什么办法？"

此君早有心理准备，立刻说："如果学校能解决，我就不会来麻烦您了。我是逐级按程序反映。您是上级领导，而且又主管这方面的工作，下面在这方面出了问题，您是有权过问的。如果您不及时处理，出现更大麻烦，那就晚了。我想，只要您肯过问，您的意见他们会听的。"

这番话很奏效，这位领导很快改变了态度，事情最终得以解决。

这位办事者的言外之意是："处理此事是您的责任，如果您不过问就是失职，那么，我还会向更上级领导反映，那时，您可就被动了。"

在找人办事时，激发对方的同情心和责任感是十分重要的，当你巧妙地点醒对方身负的责任和手中的权力时，会使对方衍生出一种自豪感，使他得到了应有的尊重，并同时站到了你的立场。到了这个时候，再难办的事情也能办得成。

第 8 章

把话说好的诀窍

夯实说话的基本功，一方面要学习他人成功的经验，另一方面对他人的失败也要引以为鉴。具体来说，不能总是随声附和，别板着面孔说话，千万别耍直脾气，等等。

切忌随声附和

每个人讲话都有其独特的方式，无论是讲话的语言还是手势，都具有个人色彩。如美国人最擅长以夸张的动作，表现自己内心感受的极限；欧洲人和东方人则比较含蓄、内敛，不轻易把自己内心的感受一五一十地表现于外。但所有人都有一个共同的特点，即随声附和，只不过有的轻、有的重、有的隐、有的显而已。随声附和虽在多数情况下表达着一种善意的成全，但这种没有独自思想的附和语词，并不能表现出个人的独立人格与意见，而且更容易让人觉得虚假。一个喜欢用极端的形容词来强调自己想法或意见的人，是绝对不会以附和的口吻来表达自己的看法的。

许多人在交谈时有“我同意……但是我认为……”的习惯用语。其实在朋友交谈中，朋友想要听的是你个人的看法，而不只是要你附和地回答：“是的。”要让自己成为更独特的人就必须与一般人有所区别，尽量地表现出自己独特的看法。

因此，不妨多应用些特殊或有个性的例子来表达自己的想法，不要总是附和别人的想法。即使遇到让你左右为难的问题或场面，用一些模糊言语回答也比随声附和好。

例如鲁迅的《立论》一文：

我梦见自己正在小学校的讲堂上预备作文，向老师请教立论的方法。

“难！”老师从眼镜圈外斜射出眼光来，看着我，说：“我告诉你一件事——

“一家人生了一个男孩，合家高兴透顶了。满月的时候，抱出来给客人看——大概自然是想得一点好兆头。

“一个说：‘这孩子将来要发财的。’他于是得到一番感谢。

“一个说：‘这孩子将来要做官的。’他于是收回几句恭维。

“一个说：‘这孩子将来是要死的。’他于是得到一顿大家合力的痛打。

“说要死的必然，说富贵的说谎。但说谎的得好报，说必然的遭打。你……”

“我愿意既不说谎，也不遭打。那么，老师，我得怎么说呢？”

“那么，你得说：‘啊呀？这孩子啊？您瞧？多么……啊唷？哈哈？”

别板着面孔说话

人际交往中，与别人谈话，无论双方意见或说法是否一致，都不能板着面孔说话。首先这是对双方交谈的一种不尊重，其次也会招致对方的反感，最后此次谈话也只能不欢而散。

我们与人交往、谈话无非有两种人：一种是早已熟悉的人，如亲人、朋友和同事；一种是陌生人。和熟悉的人谈话板着面孔，或许还可以得到理解和谅解。和陌生人谈话第一印象是非常重要的，它的好坏直接关系到谈话的结果，只有给人家一个好印象，才能顺利交谈，发展友谊，取得交际的成功。

从前，有个年轻人骑马赶路，累了想找一家客店休息，遇到一位老农，他在马上喊："喂，老头儿，这有旅店吗？还有多远？"老农说："无礼！""五里？"他快马加鞭跑去，跑了十几里，也不见人烟，心中纳闷，猛然醒悟过来，掉转马头又往回赶。见到那位老农，急忙下马，诚恳道歉说："老伯，请您原谅，我刚才太没礼貌了。您能告诉我，哪儿有旅店吗？"老农笑说："年轻人，知错改错就好，你已经错过旅店，我也不让你白跑，如不嫌弃，今晚就到我家住吧。”年轻人满心欢喜地跟老农走了。

从这个故事中，我们可以看到，不同的言谈情态会引起对方不同的感应和对待。这类的例子很多，每个人都会碰上。

俗话说“人都是有感情的动物”，你尊重别人，热情待人，谁会驳你的面子呢？

我们每个人与人交谈一定要开朗、热情、生动，因为人不是受到什么强迫才接近谁、喜欢谁，也不是由于什么人出类拔萃、有成就、有名气，才去接近、喜欢这个人。亲切的话语，温暖的微笑，一下子拉近了心理的距离。即使大人物，只要他善于交往、谈话，也必然如此。相反，冷冰冰地整天板着个面孔，无论对什么人都是无益的。

抓住要点长话短说

抓住要点，长话短说，是赢得听众喜欢的一件法宝，也是一种说话的谋略。

一次，马克·吐温与雄辩家琼西·M.得彪同乘一条船。

船行数日后，两人应邀参加一次晚宴。

席上演讲开始了。马克·吐温第一个滔滔不绝、充满情感地讲了 20 分钟，赢得了一片热烈的掌声。

然后，轮到得彪演讲，得彪站起来，面有难色地说：

“诸位，实在抱歉，会前马克 · 吐温先生约我互换演讲稿，所以诸位刚才听到的是我的演讲，衷心感谢诸位认真地倾听及热情地捧场。然而不知何故，我找不到马克 · 吐温先生的讲稿了，因此我无法替他讲了，所以，请诸位原谅我坐下。”

马克 · 吐温被他一番话闹得哭笑不得，向得彪投去略带抱怨的目光，然后无可奈何地耸了耸肩。

德国著名诗人和戏剧家贝托尔特 · 布莱希特讨厌那些冗长单调而又没有多大效果的会议。

一次，有人请他参加一个作家的聚会，并让他致开幕词。布莱希特公务缠身，不想参加，便委婉地拒绝了。哪知，举办人并不罢休，他们想尽一切办法，直至布莱希特无可奈何地答应为止。

开会那天，布莱希特准时到会，悄悄地坐在最后一排。主办人看到后，把他请到了主席台就座。

一开始，主办人讲了一通很长却没有什么实际内容的贺词，向到会者表示欢迎，然后，高声激动地宣布：

“现在，有请布莱希特先生为我们这次大会致开幕词！”

布莱希特站了起来，快步走向演讲的桌子前。

到会的记者们赶紧掏出笔和小本子，照相机也咔嚓咔嚓响个不停。

不过，布莱希特却让某些人失望了，他只讲了一句话：

“我宣布，会议现在开始！”

马克思的女儿燕妮，有一次曾请教当时德国著名的历史学家，问他能否将古今的历史缩写成一本简明的小册子。

教授笑着答道：“不必。”

接着说，只需用四句谚语，就能概括古今的历史：

（1）当“上帝”要某人灭亡的时候，往往先让其有炙人的权势。

（2）时间就是一个巨大的筛子，最终会淘去一切历史的沉渣。

（3）蜜蜂盗花，结果反而使那些花开得更盛，妩媚迷人。

（4）暗透了便望得见星光。

从上面几个故事中可以看出长话短说，最重要的就是说出你要谈论的主题，其余的客套话尽量少说或不说，这样你的听众才不会感到心烦意乱。

当然，长话短说必须针对特定的对象。假如对方跟你并不是很熟悉，而你一上来就直奔主题，势必让人感觉唐突，其效果可想而知。

一般说来，针对那些跟自己关系比较熟识的人，或者是在一些比较正式的场合，如商业谈判、会场、做报告演讲等。如果能够做到抓住要点，一针见血，没有那么多冗长的废话，就会很快地吸引听众，使他们迅速地进入主题，而一味长篇大论，则会始终不得要领。

切忌不懂装懂

如果凡事都一无所知，心里便容易产生唯恐落于人后的压迫感，这也是人们常见的心态。在绝不服输或“输人不输阵”的好胜心作祟下，一些一知半解的人处处装腔作势不懂装懂，以此来保全自己的面子。

这样的人并非是直率，就连单纯的事他都要咬文嚼字地卖弄一番，看起来好像是很精于大道理，一副什么都懂的样子，说穿了只是由于强烈的自我表现欲所产生的虚荣心在作祟。

但在生活中，有些人乍看之下很平凡且没有可贵之处。而经过认真的交谈之后，就能够很直接地被其内心的思想所感染，这种人待人往往坦诚直率，所使用的词汇也往往简单明了。友情必须建立在真诚之上，花哨不实的言论只适合逢场作戏，朋友是靠互相感动、吸引，而不是硬性地逼迫对方接受自己的意见。为了强硬地使对方接受自己的意见，卖弄一些偏僻冷门的词汇，来表现自己的水平高人一等，这在对方看来，只觉得和你格格不入而无法接受你。

不难看出，愈是爱表现的人，愈是无法精通每件事。交朋友应该是互相地取长补短，别人比自己专精的地方就虚心请教，即使是自己很专精的事，也要以很谦虚的态度来展现实力，这样才能说服他人。

所谓很谦虚的态度，是指对于自己专精的事物，不妨表示一下自己的意见，只是说话技巧要高明。

现代社会可以说是一个高度复杂的信息时代，每个人所吸收的知识都不可能包含万事万物。若没有虚心的态度与人交往，如何能够受到大家的欢迎；凡事都自以为是的人，必然得不到大家的尊敬。

不论是不懂装懂或是真的无知，都同样有损交际范围的扩展。有位不具规模的小杂志社社长N先生，不管是什么场合总喜欢装腔作势，故意地降低自己的声调来表现庄重的样子。不但如此，他也总是一副无所不知的样子，这种姿态让人觉得他好像在做自我宣传。然而不论他再怎么装腔作势，夹着再多的暗示性话语或英语来发表高见，还是得不到他人的认同。而这位仁兄所出版的杂志或周刊，也永远上不了台面。

他所出版的刊物，总是被人批评为现学现卖、肤浅的杂学之流，这是因为他对任何事都喜欢评判。当他一开口说话，旁边的人就说："天呐，又要开始了。"然后便咬着牙，万分痛苦地忍着。这和说大话、吹牛并无不同。自己本来没有高人一等的智慧，却装出一副什么都知道的样子，会被人看作虚张声势的伪君子。

在朋友关系中最令人敬而远之的，就是这种总是不懂装懂的人。

承认自己也有不知道的事并不丢人，为了要自抬身价而不懂装懂，一旦被对方看穿，反而会令对方产生不信任感而不愿与之交往。

“闻道有先后，术业有专攻”，每个人都有自己的专长，不可能每件事都很精通。所以，在人际交往中一定要保持一个良好的心态，切忌不懂装懂。

劝告也需谨言慎行

生活中很多人因为忠言逆耳，面对别人出现的错误宁愿三缄其口，也不愿吐一个能够劝告别人的字，虽然他（她）因此从未得罪过身边的人，但他（她）却无疑失去了很多当诤友的机会。我们常说，忠告对于帮助他人和建立真诚的人际关系，起着难以替代的重要作用。那么反过来讲，不能给予他人忠告的人不是真诚的人，这种人不能将自己的真实感受忠告于对方，也就无法得到对方的关爱。因此，我们应该欢迎忠告，更应该给人以忠告。

1. 谨慎行事

说到底，忠告是为了对方，为对方好是根本出发点。因此，要让对方明白你的一番好意，就必须谨慎行事，不可疏忽大意，随便草率。此外，讲话时态度一定要谦和诚恳，用语不能激烈，也不必过于委婉，否则对方就会产生你教训他，你假惺惺的反感情绪。

2. 选择时机

选择适当的场合和时机，是忠告的第二个要素。

例如，当部下尽了最大努力而事情最终没有办好时，此时最好不要向他们提出忠告。如果你这时不合时宜地说“如果不那样就不致这么糟了”之类的话，即使你指出了问题的要害且很在理，而部下心里却会顿生“你没看见我已拼出死命了吗”的反感，效果当然就不会好了。相反，如果此时你能只说几句“辛苦你了”“你已做了最大的努力”“这事的确比较难办”的安慰话，然后再另寻机会与部下一起分析失败的原因，最终部下是会欣然接受你的忠告的。除此之外，在什么场合提出忠告也很重要。原则上讲，提出忠告时，最好一对一，避开耳目，千万不要当着他人的面向对方提出忠告。因为这样做，对方就会受自尊心驱使而产生抵触情绪。

3. 切勿比较

忠告的第三个要素，就是不要以事与事、人与人比较的方式提出忠告。因为此时的比较，往往是拿别人的长比对方的短，这样很容易伤害对方的自尊心。

例如，“我说二强呀，你看隔壁家的小正多有礼貌，多乖啊！你和小正同年生，可你还比他大两个月哩，你要好好向他学习，做个好孩子哟！”一位母亲这么忠告自己的儿子。

“哼，嘴里整天是小正这也好那也好，干脆让他做你的亲生儿子算了！”儿子的自尊心受到伤害，母亲的忠告效果是适得其反的。

再如，“我说，你看王太太哪天不是整整齐齐的，而你总是不修边幅，你就不能学学人家的好样吗？”丈夫对不整洁的妻子提出了忠告。

“学学人家？你有人家丈夫赚得多吗？你有了钱，难道我还不会打扮？”

虽然妻子明明知道自己的缺点，但出于自尊心，没好气地回敬着丈夫，丈夫的忠告失败了。

如此可见，忠言逆耳确实没错，但是忠言的告诫也需要谨言慎行。

小节不可不拘

人们在日常交谈中，常会犯些小毛病，有些人认为这都是生活中的小节，所以不去重视，甚至用“君子行大礼而不拘小节”来宽慰自己，而不知道就是因为这些不起眼的小节，时刻影响着自己的说话形象，降低对方与你交谈的兴趣，甚而惹起别人的反感。所以还是小心防范，并设法加以纠正为好。

1. 咬字不清

有的人在谈话中，常常会有些字句含含糊糊，叫人听不清楚或者误解了他的意思。所以，不说则已，只要开口，最好一个字一个字清楚准确地说出来。

2. 话有杂音

在说话的时候，加上许多没有意义的杂音，这比喜欢用多余的字句更令人不舒服。例如一面说着话，鼻子里面一面“哼哼”地响着，或是每说一句话之前，必先清清自己的喉咙，还有的人一句话里面加上几个“呃”字……这些杂音会使人产生一种生理上的不快之感，好像给你精彩的语言，蒙上一层灰尘。

3. 用字笼统

许多人喜欢用一个字去替许多字，譬如，他在所有满意的场合，都用一个“好”字来代替。他说：“这歌唱得真好。”“这是一篇好文章。”“这山好，水也好。”“这房子很好。”“这个人很好。”……其实，别人很想知道一切究竟是怎样好法。这房子是宽敞，还是设计得很别致呢？是材料很结实吗？这人是很老实，还是很慷慨、很热情呢？单是一个“好”字，就叫人有点摸不着头脑。还有这样的人，用“那个”这两个字代替几乎所有的形容词，例如，“这部影片的确是很那个的。”“这件事未免太那个了。”“这封信叫人看了很那个的。”……这一类毛病，主要是由于头脑偷懒，不肯多费一点精神去寻找一个适当的恰如其分的字眼。如果放任这种习惯，所说的话就容易使人觉得笼统空洞，没有内容，因而也就得不到别人适当的重视了。

4. 过于夸张

喜欢用夸张的语言去强调一件事物的特性，以引起别人的注意。但也有人无论在什么场合都采用这种说法。例如，“这个意见非常重要。”“这本书写得非常精彩。”“这是一部非常伟大的戏剧。”“这种做法是极端危险的。”“这个女人简直是无法形容的美丽。”……如此这般，讲得多了，别人也就自然而然地把你所夸大的字眼大打折扣，这就使你语言的威信大为降低了。

5. 逻辑零乱

在叙说事理的时候，最重要的是层次清晰，条理分明。所以，在交谈之前，必先在脑子里将所要讲的事物好好地整理一下，分成几个清楚明确的段落，摒除许多不大重要的细节。不然的话，说起话来就会拖拖拉拉，夹杂不清了。特别是当一个人叙述自己的亲身经历的时候，更容易因为特别起劲，巴不得把所见所闻全盘托出，结果却叫人听起来非常吃力。

6. 矫揉造作

矫揉造作有多种形式的表现，有的人喜欢在交谈中加进几句英文或法文，有的人喜欢在谈话中加进几个学术性的名词，有的人喜欢把一些流行的字眼挂在口头，有的人喜欢引用几句名言却放在并不适当的地方。这会让人觉得你在卖弄学识，故作高深，还不如自然、平实的言语更容易让人接受。

看对象说话

我们许多人交际不成功的原因就是不管对什么人，想说什么就说什么，结果常常闹出一些矛盾和是非。但是，那些成大事的人往往能做到说话看对象。

我们要学会对不同的交际对手，使用不同的应对方法。

在人际交往中面对的人和事是多种多样的，这就需要交际者学会适应不同的情况，对不同的人、不同的事采取不同的方式，说不同的话。

纳尔逊·曼德拉是南非著名的政治家、外交家，一生致力于解放南非黑人的伟大事业。1962 年被捕后被判终身监禁。在狱中，他从不妥协，并为将来的斗争做了大量的准备工作。迫于南非黑人的抗争和国际舆论的压力，南非白人政府释放了曼德拉。1994 年 4 月，曼德拉当选为南非历史上第一位黑人总统。在那漫长的反种族歧视的斗争中，他的喜、怒、哀、乐都成为世人关注的焦点。

曼德拉出狱后，不仅要处理繁忙的工作，还得应对南非右翼势力的威胁和迫害。当有人告诉曼德拉白人右翼势力已经放出风来要暗杀他时，曼德拉却十分轻松地回答："我太忙了，无暇顾及我的生命。"

1991 年 10 月，英联邦国家举行首脑会议，曼德拉应邀参加。在一次记者招待会上，一位年轻的白人记者问曼德拉："南非局势那么乱，黑人参政到底有无希望？"

对于这样的提问，本来应很生气的曼德拉竟然十分亲切地回答了他："小伙子，我的年龄是你的两倍还多，但我比你乐观得多，你为何如此悲观呢？"

此言一出，全场哄堂大笑。原以为所提问题会使曼德拉十分难堪的那位白人记者却落得自己难堪起来。

轮到一位黑人记者提问题了，他支支吾吾地说："我的问题被刚才那个人提过了……”

曼德拉紧接着说：“那么刚才那个人是把你嘴巴叼走的小狗。”

会场里又是一阵哄堂大笑。

这里，针对不同的对手，曼德拉采用了不同的回答方式。对那位首先提出问题的白人记者，作为黑人的他控制住自己的情绪，以一个长者的身份做了非常巧妙的回答；而在回答那位黑人记者时，他又不露声色地将自己的情绪发泄了出来，而且是以一种幽默机智的形式。

人际交往中，每个人都有自己的个性、自己的情感和不同的成长环境，所以在人际交往时他们所体现的方式自然也就不同。因此，面对不同的交际对手，应该使用不同的应对方法，我们将这种方法称为“看客上菜”。

著名人际关系学家兰·勒贝茨先生依据自己多年的人际关系实践，总结出应对各种人的 9 种策略。他说，与人交往时，他最害怕碰到的是以下 5 种人。

第一种人是所谓的凶悍派。这种人在人际交往中常用语言或肢体暴力威胁对方。比如“这是什么话”或“我现在就要……”，或者“你要是不……我就……”等等。

第二种人是所谓的逃避派。这种人在人际交往中往往避而不见，或采取拖延战术。他会说“明天再说吧”或“我没时间”或“这不归我管”，等等。

第三种人是所谓的龟缩派。这种人在人际交往中通常采取完全逃避的态度。他们总说“我不懂”或“这不行”或“我不知道”，等等。

第四种人是所谓的高姿态派。这种人在人际交往时习惯于用极端的要求来恐吓对方。他们往往会说“我只等到 5 点”或“中午以前一定要成交”这样的话。

第五种人是所谓的两极派。这种人根本不谈，只逼你在“要”或者“不要”之间做决定。

以上所列举的五种人，我们可能在人际交往中经常会遇到。那么，我们如何对付兰·勒贝茨先生所说的自己最害怕的这几种人呢？下面请看兰·勒贝茨先生总结出的 9 种策略。

（1）对付凶悍派，最有效的方式是引起他们的注意，必须把他们吓醒，让他们知道你忍耐的底线在哪里。当然，我们的目的不是惩罚，而是要让他们知道你忍耐的极限。

（2）指出对方行为的不当之处，并且建议双方应进行建设性的谈话，在这种情况下对方也许会收敛火气。这时最重要的是提出进一步谈话的方向，给对方一个可以继续交涉下去的台阶。

（3）对付逃避派或龟缩派，要先平定他们的情绪，了解他们恐惧的原因，然后建议更换时间或地点进行商谈，适时说出他们真正的恐惧所在，让他们觉得你了解他们而产生安全感。这种方法对付凶悍派也很有效果，只要他们产生了安全感，自然就不会失去控制。

（4）坚持一切按规矩办事。凶悍派、高姿态派、两极派都会强迫你接受他们的条件，你应拒绝逼迫，并坚持公平的待遇。

（5）在人际交往时，当对方采取极端手段威胁你时，可以请他解释为什么要采取这样极端的手段，并且可以说："我需要更好地了解你为什么会这样想、这样做，以便于我能接受你的要求。"

（6）沉默是金。这是最有力的策略之一，尤其是对付两极派，不妨这样说："我想现在不适合谈话，我们都需要冷静一下。"

（7）改变话题。当对方提出极端要求时，最好假装没听到或听不懂他的要求，然后将话锋转往别处。

（8）不要过分防御，否则就等于落入对方要你认错的圈套。在尽量听完批评的情况下，再将话题转到"那我们针对你的批评如何改进呢"这一方面。

（9）避免站在自己的立场上辩解，应多问问题。只有问问题才能避免对方进一步的攻击。尽量问"什么"，而避免问"为什么"。问"什么"时，答案多半是事实；问"为什么"时，答案多半是意见，就容易有情绪。

第9章

说“不”是种语言艺术

有位伟人说过：人世间最难的事就在于对他人说“不”。在面对他人的要求时，人常常会陷入两难境地：要是拒绝他人，怕得罪对方，万一以后自己有事求人家，别人不给面子；而答应了人家，有时候就会违反自己的原则，让自己陷入不好的境地。其实，只要掌握拒绝他人的语言艺术，就能避免这种两难境地，把事情完美地处理好。

委婉拒绝的学问

若别人有求于你，而你出于各种原因却不能接受，又不好直说“不行”“办不到”，怕因此伤害对方的自尊心；若对方提出一些看法，你不同意，既不想讲违心之言，又不愿直接反驳对方；若你看不惯对方的行为，既想透露内心的真情，又不愿意表达得太直露，以免刺激对方……要想处理好上述社交活动经常出现的情况，就要学会巧妙委婉地拒绝，根据不同的情境说“不”。

1. 假托直言

直言是对人信任的表现，也是与对方关系密切的标志。但是多数情况下直言因逆耳而不能收到预期的效果。在这种情况下，要拒绝、制止或反对对方的某些要求、行为时，可采取假托由于非个人的原因作为借口从而加以拒绝，这样对方就容易接受。例如：

某报社的推销员登门要求你订阅他们发行的报纸，可你不想订阅。你可以很有礼貌地说：“谢谢。你们的服务很周到，可是我家已经订阅了其他几家报社的报纸，请谅解。”

2. 反复申诉

当别人侵犯了你的权利时，你要维护你的权利，面对对方的推诿要坚决地说“不”，在一种冲突的情境中有效地反复表达你的意见。例如：

你到商店去买东西，由于购物的人多，售货员少找给你十元钱。你向售货员提出，售货员因记不清而引起了纠纷。这时你要以一种平静而重复的声音诉说是如何少找给你钱的，直到问题得到解决。下面这段店员和买主的对话就是一个很好的例子。

买主：小姐，你少找给我十元钱。

店员：不会吧，我们总是一手交钱，一手付货。

买主：我相信你们总是这样做的，可是你确实少找给我十元钱。

店员：你有发货票吗？

买主：有（拿出发货票），你看，就是差了十元钱。

店员：（看发货票）你在这里买的是两双儿童的靴子。

买主：不错，你再算算，就是差十元钱。

店员：你看过你的衣袋没有？你是不是掉在哪儿了？

买主：不会的，我没动地方。我衣袋里再没有钱。

店员：现在没法结算，快闭店时我们结账，你来一趟好吗？

买主：好，我相信您一定会找到。

3. 模糊应对

如果由于某种原因不愿意或不便于把自己的真实想法说给对

方，这时可以用模糊语言来应对。例如：

在医院里，一位患有严重疾患的病人问医生：“我的病是不是很重，还有康复的希望吗？”

医生回答：“你的病确实不轻，但是经过治疗，安心养病，慢慢会好的。”

这里的“慢慢会好”是模糊语言。这“慢慢”是多久，是说不清的，但给病人以希望，对病人是一个极大的安慰。

4. 热情应对

明确表示你希望满足对方的要求，并表示同情，可实际上是心有余而力不足，请对方谅解，而不直接拒绝。这样也能收到良好的效果。例如：

客户要求电信局安装市内住宅电话，由于供不应求，无法一一满足，但又不能拒绝客户的要求。回答时，应表示同情，并热情地说：

“满足客户的要求是我们应尽的责任，可是由于目前线路短缺，还不能全部解决，我们正创造条件，请耐心等待。”

5. 旁溢斜出

对对方提出的问题给予回避性的回答，而不直接否定对方提出的不合己意的问题。例如：

你的同学问你：“某某小说写得很不错，你认为怎样？”

你可以这样回答：“还可以，不过我更喜欢某作家的某一本小说。”

再如，星期天你的妻子说：“今天我们去看话剧好吗？”而你不愿去，可以说：“去看电影怎么样？”这种回答不会引起对方的反感，对方可能会同意你的意见。

要把拒绝说出口

社交中，我们常会遇到一些人的无理请求，若想既把“不”字说出口，又不得罪人，确实是一种难事，甚至是一种奢求。但我们面对某些人的无理取闹，特别是面对时弊陋习，务必旗帜鲜明，断然予以拒绝，大胆把“不”说出口。

美国前总统塔夫脱曾讲过这样一个发生在他身边的故事：

“一位居住在华盛顿的妇人，她的丈夫很有些政治势力，她要求我为她的儿子安插一个职位。她不断向我提出请求，而且还托两院中的几位议员帮她说话。可是，她要求给他儿子的是一个充任总统秘书而且专司咨询两院议事的职位，这个职位只有具有一定专业知识的人才能胜任，她的儿子，实在担当不了这个职务，所以后来我另外派了一个人去接任。这样一来她就感到大大的失望，立刻给我写来一封信，说我不懂世故人情，说她曾努力劝说某一州的代表，让他们赞同我提出的某一项重要法案，她对我这样帮忙，而我仅需举手之力，就可以完成她的心愿。

“我接到她的信，把这封信先搁置了两天，然后再取出来很平心静气地写回信。我对她表示了同情，说做母亲，遇到了这样的事，当然是十分失望。再说关于用人是不能完全由我做主的；因为技术人才，我只能听该部门领导的推荐。最后说了说她的儿子在现在这个岗位上一样可干得很好的话。这封信总算使她平静了下来，过后她又给了我一封短札，说明前信所言实属抱歉。

“我所委派的人并没有马上就去接任，所以过了几天，我又接到了一封是她丈夫署名的信，但是，笔迹完全和前封信一样。这封信中说他的妻子为了儿子职位的事忧闷成疾，医生诊断，恐怕是一种很严重的胃病。如果要使她健康恢复，最好把前次委任的那个人撤回而另行改为她的儿子。

“因此，我又给她丈夫回了一封信，信中说希望医生的诊断有误，同时，再同情他为了夫人的病而忧戚。至于撤回前次所委派的人，那是在朝令夕改，事实上是不可能的。

“此事不久，我委任的人就到任了。又过了两天，我在白宫中开了一场音乐会，第一对到会的客人，就是那位妇人和她的丈夫。”

上例中塔夫脱一连三次拒绝，每次在拒绝上都义正词严，而对于之外的话题则给予了妇人很大的同情和理解，所以他们在事情过去之后，仍能保持良好甚至是更好的交往关系。这无疑得益于塔夫脱对这件事得当的处理方法和简洁而不乏情意的拒绝之词。因此，我们在社交中拒绝某些事时，不要为了拒绝而说一大堆理由，有些事不行就是不行，简明说出理由，然后不乏情义地拒绝它，才是上上之策。

有人说，如果你想真正了解一个人，就请注意他拒绝别人时的样子，这是一个人的全部。“不”不仅体现一个人的性情，也诠释了一个人做人的标准，在该说“不”的时候大胆把“不”说出口，是一种境界。

拒绝其实不难

说话讲究策略，说“不”更要有策略，否则拒绝二字将给你的生活增添不少麻烦。

有一个乐师，被熟人邀请到某夜总会乐队工作。乐师嫌薪水低，打算立即拒绝。但想起以往受过对方照顾，不便断然拒绝，便心生一计，先说些笑话，然后一本正经地说：

“如果能使夜总会生意兴隆，即使奉献生命，在下也在所不辞。”

此时夜总会老板自然还是一副笑脸，乐师抓住机会立刻板起面孔说：

“你觉得什么地方好笑？我知道你笑我。你看扁我，不尊重我，这次协议不用再提，再见。”这样，乐师假装生气，转身便走，老板却不知该如何待他，虽生悔意，但为时已晚。

在生活中，面对不喜欢的对象，要出其不意地敲他一下，以便打退对方。若缺乏机会，不妨参照上例，制造机会，先使对方兴高采烈，然后趁对方缺乏心理准备，脸仍在笑嘻嘻时，找到借口及时退出，达到拒绝的目的。

日本成功学大师多湖辉曾讲过这样一件事：在日本 20 世纪 60 年代末的学生运动中，某大学的教室里正在上课，一群学运积极分子闯了进来，使上课的教授手足无措。当着班上学生的面，教授想显示一点宽容和善解人意的风度，就决定先听一下学生讲些什么之后再去说服他们。结果与他的善良想法完全相反，学生们乘势向他提出许许多多的问题，把课堂搅得一团糟，再也上不成课了。并且这之后只要他上课就有激进派的学生出现在课堂上，就这样日无宁日地持续了一年。

从这一教训中，教授悟到一条法则，即若无意接受对方，最好别想去说服他，对方一开口就应该阻止他：“你们这是妨碍教学，赶快从教室里出去，与课堂无关的事，让我们课后再说！”假如再发生一次同样的事，教授能否应对呢？就算他显示出了拒绝的态度，学生也会毫不理会地攻击他，如果一点也不去听学生的质问，一开始就踩住话头，至少不会给对方以可乘之机，也不致弄得一年都上不好课。

一位名叫金六郎的青年去拜访本田宗一郎，想将一块地产卖给他。本田宗一郎很认真地听着金六郎的讲话，只是暂时没有发言。本田宗一郎听完金六郎的陈述后，并没有做出“买”或者“不买”的直接回答，而是在桌子上拿起一些类似纤维的东西给金六郎看，并说：

“你知道这是什么东西吗？”

“不知道。”金六郎回答。

“这是一种新发现的材料，我想用它来做本田宗一郎汽车的外壳。”本田宗一郎详详细细地向金六郎讲述了一遍，共讲了十五分钟。谈论了这种新型汽车制造材料的来历和好处，又诚诚恳恳地讲了他明年对汽车所做的新设计。这些内容使得金六郎摸不着头脑，但感到十分愉快。

在本田宗一郎送走金六郎时，才顺便说了一句，他不想买他的那块地。如果本田宗一郎一开始就将自己的想法告诉金六郎，金六郎一定会问个究竟，并想方设法劝说本田宗一郎，让他买下这块地。本田宗一郎不直接言明的理由正是如此，他不想与金六郎争辩什么。拒绝对方的提议时，最好采用毫不触及话题具体内容的抽象说法。

1. 做好说“不”的准备

我们可分析一下，那些在别人不论提出多不合理的要求时都很难说“不”的人，通常是由于以下一种或几种原因。

首先对自己的判断力缺乏自信，不知道什么是应该做的，什么是别人不该期望自己做的。

其次渴望讨别人喜欢，担心拒绝别人的请求会让人把自己看扁，对自己能力能够成功地负起多少责任也认识不清。

最后是自卑作怪，因而把别人看成能控制自己的“权威人士”。

然而，不论出于何种理由，这些不敢说“不”的人通常承认自己受感情所支配。不管过去的经历如何，他们从未在别人提出要求时有一个准备好的答复。

2. 用拖延来说“不”

一位女友想和你约会。她在电话里问你：

“今天晚上八点去跳舞，好吗？”

你可以回答：“明天再约吧，到时候我给你去电话。”

你的同事约你星期天去钓鱼，你不想去，可以这样回答：

“其实我是个钓鱼迷，可自从成了家，星期天就被妻子没收啦！”

3. 用沉默说“不”

当别人问：“你喜欢阿兰德隆吗？”你心里并不喜欢，这时，你可以不表态，或者一笑置之，别人即会明白。

一位不大熟识的朋友邀请你参加晚会，送来请帖，你可以不予回复。它本身说明，你不愿意参加这样的活动。

4. 用回避说“不”

你和朋友去看了一部拙劣的武打片，出影院后，朋友问：“你觉得这部片子怎么样？”你可以回答：“我更喜欢抒情点的片子。”你正发烧，但不想告诉朋友，以免引起他的担心。朋友关心地问：“你试体温了吗？”你说：“不要紧，今天天气不太好。”

5. 用模糊说“不”

外交官们在遇到他们不想回答或不愿回答的问题时，总是用一句话来搪塞：“无可奉告。”生活中，当我们暂时无法说“是与不是”时，也可用这句话。还有一些话可以用作搪塞，如“天知道”“事实会告诉你的”“这个嘛……难说”等。

6. 用反诘说“不”

你和别人一起谈论国家大事。当对方问：“你是否认为物价增长过快？”你可以回答：“那么你认为增长太慢了吗？”你的恋人问：“你讨厌我吗？”你可以回答：“你认为我讨厌你吗？”

7. 用推托说“不”

比如一个宾馆服务员，一位客人请求替他换个房间，则可以说：“对不起，这得值班经理决定，他现在不在。”

你和妻子一块上街，妻子看到一件漂亮的连衣裙，很想买，你可以拍拍衣服袋：

“糟糕，我忘了带钱包。”

有人想找你谈话，你看看表：“对不起，我还要参加一个会，改天行吗？”

8. 用客气说“不”

当别人送礼品给你，而你又不能接受时，你可以客气地回绝：一是说客气话；二是表示受宠若惊，不敢领受；三是强调对方留着它会有更多的用途等。

9. 友好地说“不”

一位作家想同某教授交朋友。作家热情地说：“今晚我邀你共进晚餐，你愿意吗？”不巧教授正忙于准备学术报告会的讲稿，实在抽不出时间。于是，他亲热地笑了笑，带着歉意说：“对你的邀请，我感到非常荣幸，可是我正忙于准备讲稿，实在无法脱身，十分抱歉。”他的拒绝是有礼貌而且愉快的，但又是那么干脆。

10. 对事说“不”

某造纸厂的推销员上某单位推销纸张。推销员找到熟悉的这个单位的总务处长，恳求他订货。总务处长彬彬有礼地说：“实在对不起，我们单位已同某国营造纸厂签了长期购买合同，单位规定不再向其他任何单位购买纸张了，我也应按照规定办。”因为总务处长讲的是任何单位，就不仅仅针对这家造纸厂了。

当我们羞于说“不”的时候，请恰当地运用上述方法。但是，在处理重大事务时，来不得半点含糊，应当明确说“不”。而在朋友的真心求助下，则不能用说“不”的方法应对，应竭尽所能，若实在违反原则和自己力不能及时，才应当说“不”。

不要轻易触犯他人

说话是要避讳的，有些话是绝对不能说的，一旦说了，就会引起许多的问题，比如人际关系出现危机，求人办事不能达到预期目的等，所以，在交流沟通中，我们绝不能说这些忌讳的话。

1. 忌说话绵软无力

拒绝别人时若说话绵软无力甚至哼哼唧唧半天讲不清楚，会让人很容易产生一种厌恶，认为你不是帮不了他，而是根本不想帮他，因为一般而言只有心虚的人才会如此吞吞吐吐。

2. 忌热情过头

即是拒绝别人就认真说出理由，之后无论表示惋惜也好，无奈也好，别人不乐意，但也不能对你的拒绝妄加指责，但你若为了弥补对方，一个劲“可惜可惜”“下次下次”“一定一定”，则未免有些虚伪。

3. 忌触动感情

据心理学家研究，“触动”是很容易产生共同感受的，故想说“不”时应注意避免。给人以“敬而远之”的态度，比较容易把“不”说出来并说得较好。或者说，对方试图与你套近乎，你要保持头脑清醒，以免做了感情俘虏，给对方可乘之机。一般说来，见一次面就能记住别人名字的人，常容易与人接近，故此，在交谈中不断称呼别人名字，并冠之以“兄”“先生”等常能使人产生亲近感。那么，反过来你想说“不”时，便应杜绝这种亲密的表示，即对方的名字一概不提，这样加大和对方的心理距离，容易说“不”。还有谈话时尽量距离对方远些，使其不容易行使拍、拉等触动性的亲密动作。另外，最好也不要触摸对方递出来的东西。东西也和人一样，一经“触摸”就会产生“亲密感”，想要拒绝就不容易了。

4. 忌借口不当

有些人不想直接说“不”，便随便找些不值一驳的理由来暂时搪塞对方，以求得一时的解脱。这个方法并不好，因为对方仍可以找理由跟你纠缠下去，直到你答应为止。比如你不想答应帮某人做事，推说：“今天没有时间。”他就会说：“没关系，你明天再帮我做好了，事情就拜托你了。”又如你要拒绝对方想转让给你的一件衣服，你推说：“钱不够。”那么对方会说：“钱够了再说好了。”就把你轻易应付过去了。或者你不愿意和对方跳舞，推说：“我跳不好。”那么他一定会说：“没关系，我慢慢带着你跳好了。”因为这些都是小小的谎言，一经反驳，你定有所慌乱，“不”的意志便很难贯彻了。所以对付这种情况，倒不如直截了当地用较单纯的理由明确地告诉对方："你托办的这件事办不到，请原谅。""这件衣服的颜色我不喜欢，很抱歉。""我已经另约了舞伴，不能跟你跳，对不起。"等等。这样虽说显得生硬些，但理由单纯明快，不会给对方可乘之机，倒可以免除后患。

传达意思不伤感情

拒绝是一门学问，有些时候，我们本想拒绝，心里很不乐意，却点了头，碍于一时的情面，却给自己留下长久的不快。所以，学会拒绝至关重要，有利于提高我们的工作效率和生活质量，委婉推辞，既表达出自己的意思又不伤害感情，何乐而不为呢？

1. 非个人原因的谢绝

对人说"不"，最困难的就是在不便说出真实的原因时又找不到可信而合理的借口，那么，不妨在别人身上动动脑筋，比如借口你的家人方面的原因。一位生活惬意的家庭主妇自称她的生活之所以能如此安宁，就是因为她能巧妙地谢绝某些麻烦。

当一个推销员敲她家门时，她的态度礼貌而坚定："谢谢你的好意，可我丈夫不让我在家门前买任何东西，而不是因为我不愿意掏腰包。"

这样一来，推销员既不会因为她没买他的东西而怨恨她，同时也感到再说下去也是白费口舌，因为问题不在于她，而在于那个他并未晤面的丈夫，于是，他只好作罢。

2. 情非得已的谢绝

当有人真心请求你的帮助时，在力所能及的范围内，应该尽量给予帮助。但碰上实在无能为力的事，你无法给予对方帮助时，也不要急于把“不”字说出口，不要使对方感觉到你丝毫没有帮助他解决困难的诚意，否则，你在别人眼中会是一个自私而缺乏同情心的人。保险公司的小李是处理协调客户赔偿要求事务的，小李的工作决定他要经常地拒绝客户的要求。然而，他总是对客户的要求表示同情，并解释说，从道义上讲他同意对方的要求，可自己实在是心有余而力不足。由于拒绝得法，小李的工作做得很出色。同样，当别人有求于你而你又无能为力时，先不忙拒绝他，而要耐心地倾听他的陈述，对他所处的困境表示同情，甚至可以给他提些建议，最后告诉他，你实在无法帮他，对方绝不会因此而生气，反而会被你的诚意所感动。

3. 通过诱导对方来谢绝

诱导对方即当别人向你提出不合理的要求时，不要简单地拒绝他，而应该让他明白他的要求是多么不合适，从而自愿放弃它。一位业绩卓著的室内设计师声称，对于用户不合实际的设想，他从不直截了当地说“不行”，而是竭力引导他们同意他希望他们做的事情。

一位妇女想要用一种不合适的花布料做窗帘，这位设计师提议道：“你真是给了我们一种新的设计思维，不过让我们来看看你希望窗帘布置达到什么效果。”接着，他大谈什么样的布料做窗帘才能与现代装饰达成最好的和谐，很快，那位妇女便把自己的花布料忘了。

4. 谢绝后指明方向

这一点对担任一定领导职务的人尤其重要。比如你的下属向你提出的要求被你拒绝后，你不妨告诉他应该努力的方向，使他始终看到希望，与此相比，你的拒绝就显得微不足道了，不会挫伤他的自尊心，也不会伤害你与下属之间的感情了。

美国的威廉·雷利博士在谈及怎样处理下属希望晋职而他本身的条件又不够的情况时，曾建议企业主管这样说：

“是的，乔治，我理解你希望得到提升的心情。可是，要得到提升，你必须先使自己变得对公司更重要。现在，我们来看看对此还要多做点什么……”

5. 不假思索地谢绝

一位热情奔放的老妇人决定与年轻的女邻居交朋友，她发出邀请：

“欣迪，你明天上午到我家来玩，好吗？”

欣迪脸上露出温和宽厚的笑容说：“谢谢了，但不行啊。因为明天，我还有事呢。”她的拒绝既友好又温情，但态度又是那么坚决，老妇人只好作罢。所以，当别人的请求你无法满足，就迅速做出反应，友善、真诚地谢绝他，不留任何回旋的余地。

巧妙推辞的方法

在阿富汗民间故事里有一则题为《谨慎的智者》的小故事。

有一天，帕夏（高级官员）把智者召来，对他说：

“智者，你的智慧，大家都知道，我任命你担任本城的法官。”

这个智者对这个差事不感兴趣，就回答说：

“伟大的帕夏，这个职务我不能胜任。”

帕夏问：“为什么呢？”

智者答道：“如果我说的是真话，那就不应任命我为法官；如果我撒谎，难道就任命一个撒谎的人当法官吗？”

这位谨慎的智者实际上是不想做本城的法官，他说的“这个职务我不能胜任”不管是否谦虚，其逻辑判断显示的是不能当；如果他在撒谎，那么一个撒谎的人也不能当法官。于是，从两边挟制，得出“我不能当”的结论，轻松推辞了帕夏的邀请。

在日常的交际活动中，特别是身处职场，你一定经常遇到这样的问题：一位同事突然开口，让你帮他做一项难度很高的工作。答应下来吧，可能要连续几个晚上加班才能完成，而且这也不符合公司的规定；拒绝吧，面子上实在抹不开，毕竟是多年的同事。应该怎么找一个既不会得罪同事又能把这项工作顺利推出去的理由呢？

有人会直接对同事说：“不行，就是不行！”这绝对不是最佳的选择，可能会让你和同事以后连朋友都没得做。有人会推托说：“我能力不够，其实小A更适合。”那你有没有想过当同事把你这番话说给小A听时，他会做何反应？有人会不好意思地说：“我真的忙不过来。”理由不错，可是只能用一次，第二次再用时，你面对的一定是同事疑惑的眼光。这些好像都不是最佳的拒绝理由，那到底该怎样婉转地拒绝办公室中的不合理请求呢？在这里提供一些方法。

当你仔细倾听了同事的要求，并认为自己应该拒绝的时候，说“不”的态度必须是温和而坚定的。好比同样是药丸，外面裹上糖衣的药，就比较让人容易入口。同样，委婉表达拒绝，也比直接说“不”让人容易接受。例如，当对方的要求不合公司或部门规定时，你就要委婉地表达自己的工作权限，并暗示他如果自己帮了这个忙，就超出了自己的工作范围，违反了公司的有关规定。在自己工作已经排满而爱莫能助的前提下，要让他清楚自己工作的先后顺序，并暗示他如果帮他这个忙，会耽误自己正在进行的工作，会对公司与自己产生较大的不良影响。一般来说，同事听你这么说，一定不会再勉强你，转而想其他办法。

学会必要的反击

我们在人际交往中，难免碰到一些无理的语言。如果出面劝，无异于对牛弹琴；如果进行直接责备，他自然会与你顶撞。

这时，最有效的办法就是反击，但反击也有好坏之分，反击得好可以使对方哑口无言，不好则势必成为一场口争，甚至是破口大骂，大打出手。

因此，真正的反击并不是单纯意义上的口舌之战，而是行其道反其言，使对方巧妙落入自己话语的陷阱，理屈词穷，无言以对。在反击中，以下四点必须注意。

1. 心平气和

遇到无理的言行，首先要做到的就是不要激动，要控制情绪。这个时候心境平和，对反击对方有重要作用。

首先是表现自己的涵养与气量，以“骤然临之而不惊，无故加之而不怒”的大丈夫气概在气质上镇住对方，如一下子就犯颜动怒，变脸作色，这不是勇敢的行为。古人曰：“匹夫见辱，拔剑而起，挺身而斗，此不足为勇也。”对方对此不但不会惧怕，反而会对你的失态感到得意。

其次是能够冷静地考虑对策，只有平静情绪，才能从容选出最佳对策，否则人都被弄糊涂了，就可能做出莽撞之举，更不要说什么最佳对策了。

2. 绵里藏针

对无理行为进行反击，可直言相告，但有时不宜锋芒毕露，露则太刚，刚则易折。有时，旁敲侧击，绵里藏针，反而更见力量，它使对方无辫子可抓，只得自己种的苦果往自己肚里吞，在心中暗暗叫苦，就像苏格兰诗人彭斯做的那样。有一天，彭斯在泰晤士河畔见到一个富翁被人从河里救起。富翁给了那个冒着生命危险救他的人一块钱作为报酬。围观的路人都被这种无耻行径所激怒，要把富翁再投到河里。彭斯上前阻止道：“放了他吧，他很了解他生命的价值。”

3. 反击有力

对无理言行进行语言反击，不能说了半天，不得要领，或词软话绵。而要做到打击点准确，一下子击中要害；反击力量要猛，一下子就使对方哑口无言。

有一个常愚弄他人而自得的人，名叫汤姆。这天早晨，他正在门口吃着面包，忽然看见杰克逊大爷骑着毛驴哼哼呀呀地走了过来。于是，他就喊道：“喂，吃块面包吧。”

大爷连忙从驴背上跳下来，说：“谢谢您的好意。我已经吃过早饭了。”

汤姆一本正经地说：“我没问你呀，我问的是毛驴。”说完得意地一笑。

大爷以礼相待，却反遭一顿侮辱。是可忍，孰不可忍？虽然他非常气愤，可是又难以责骂这个无赖。无赖会说：“我和毛驴说话，谁叫你插嘴来着？”于是大爷抓住汤姆语言的破绽，进行狠狠地反击。他猛然地转过身子，照准毛驴脸上“啪、啪”就是两巴掌，骂道：“出门时我问你城里有没有亲戚，你斩钉截铁地说没有。没有亲戚为什么人家会请你吃面包呢？”

说完对准驴屁股，“啪、啪”又是两鞭子：“看你以后还敢不敢胡说。”然后翻身上驴，扬长而去。大爷的反击相当有力。既然你以和驴说话的假设来侮辱我，我就姑且承认你的假设，借教训毛驴，来嘲弄你和毛驴的“亲戚”关系，以此对对方的无礼进行反击。

4. 旁敲侧击

对无理的行为进行反击，是正义的语言与无理的语言的对抗。所以，反击的语言一定要与对方的语言表现出某种关联，正是在这种关联中，才会充分表现出自己的机智与力量。

第 10 章

说话要注意方式方法

就像说话有技巧一样，说话也是有禁忌和误区的。我们不能满足于知道或掌握了多少技巧，还要谨慎地注意说话的禁忌，不要误闯了说话的雷区，避开那些让人尴尬、不知所措的时刻。

交谈时要注意避免忌讳

礼貌是文明交谈的首要前提。在交谈中要体现出敬意、友善、得体的气度和风范。要做到礼貌交谈首先就要使用礼貌用语，如“请”“谢谢”等；其次要注意学习一些礼貌忌语，一语不慎造成的后果可能是不能够弥补的。

礼貌忌语是指不礼貌的语言，他人忌讳的语言，会使他人引起误解、不快的语言。不礼貌的语言，如粗话脏话，是语言中的垃圾，必须坚决清除。他人忌讳的语言是指他人不愿听的语言，交谈中要注意避免使用。如谈到某人死了，可用“病故”“走了”等委婉的语言来表达。港、澳、台同胞忌说不吉利的话，喜欢讨口彩。特别是香港人有喜“8”厌“4”的习惯。因香港人大都讲广东话，而广东话中“8”与“发”谐音，“4”与“死”同音。因此，在遇到非说“4”不可时，可用“两双”来代替。逢年过节，不宜说“新年快乐”或“节日快乐”，而用“新年愉快”“节日愉快”或“恭喜发财”代之。这也是谐音的关系，因为“快乐”与“快落”听起来很相似。

容易引起误解和不快的语言也要注意回避。在议论他人长相时，可把“肥胖”改说成“丰满”或“福相”，“瘦”则用“苗条”或“清秀”代之。参加婚礼时，应祝新婚夫妇白头偕老。探望病人时，应说些宽慰的话，如“你的精神不错”“你的气色比前几天好多了”，等等。随着语言本身的发展，一些词汇的意义也发生了转移，譬如“同志”“小姐”等，在使用时要针对不同对象谨慎选用。还要注意在日常生活中，遇到矛盾冲突时，应冷静处理，不用指责的语言，多用谅解的语言。

此外，在交谈中，我们还应当避免争论的话题，即使你对这个话题有坚定不移的立场，最好也不要提起，因为争论很容易造成敌对心理，争执双方很快会陷入“竞争状态”，舌剑唇枪，互不相让，很少有人能对敌对者的攻击采取温和的反应，所以最好不使善意的讨论变成激辩。

其实，两个人之间的交谈很简单，只要找出双方都感兴趣的话题就行了。假如对方对你的话题不置可否，你须留意，切勿尖刻、偏执地讨论这个题目，还是另择题目为好。辩论对两个头脑冷静、有谈话技巧的对手来说是一种开心的游戏，可对于容易冲动和脾气不好的人却是一件危险的事。人们在交谈中常有一些失言，“哎，你儿子的脚跛得越来越厉害了”“你怎么还没结婚”“你真的要离婚吗”等，一些别人内心秘而不宣的想法和隐私被你这些话无情地暴露了出来，实在是不够理智的。如果你想让人喜欢，就不要对跛子谈跳舞的好处和乐趣，不要对一个自立奋发的人谈祖荫的好处，不要无端嘲笑和讽刺别人，尤其是别人无能为力的缺陷，否则就是一种刻薄。此外，除非是熟识的亲友，不必多谈对方的健康问题，他若身有不适，很可能勾起他的愁绪，一旦他抱怨起自己的疾病和痛苦，你又未必会感兴趣，但你若没表露足够的同情心，则会使对方觉得你冷漠、自私。既然如此，何不谈些令人愉快的事呢？

一般说来，批评别人的话题应尽力避免，然而赞美别人所做的工作和本领却是很合宜的，常会使听者感到愉快。

负面话语，要尽量少说

爱讲负面话的人，有时是过于理想化，用自己理想化的模式，去套生活中的现实，结果常常是事与愿违。还有的人是看问题过于狭隘偏颇，只考虑自己，不顾及其他，凡是不对自己脾气的，都一概予以否定。另一种便是用放大镜甚至是显微镜看人，将别人微不足道的缺点放大。正如鲁迅先生曾经比喻的，一位老夫子用一枚放大镜去看美人那嫩白的胳膊，结果却看到了皮肤间的皱纹和皱纹间的污泥。试想，如果再用显微镜去观察，岂不就是骇人的细菌布满全身了吗？

老爱讲负面话的人，很难与人友好交往，即使他并没有直接说对方不好，但他那万事皆不如意的心态，让人很难同他找到舒心满意的共同语言。久而久之，人们还会觉得此人太爱刁难，难以相处，常常避而远之，偶有接触，也只好打个哈哈敷衍了事。总讲负面话，最终会成为难以与人相融的孤家寡人。

少说负面话的关键，是要有一个积极乐观的心态。生活中并不缺乏美，而是缺少发现。正如一个故事讲到的：一位老太太有两个女儿，大女儿卖雨伞，小女儿卖冰棍。晴天雨伞卖不出去，老太太就埋怨老天为什么不下雨；雨天冰棍卖不动，老太太就抱怨为什么不赶快出太阳。后来有人开导她说，晴天你小女儿冰棍卖得火，雨天你大女儿雨伞卖得快，你天天都有高兴事，还有什么可埋怨的呢？老太太一想，果然，于是脸上便由阴转晴，心情也一下子就好起来了。同样，与人相处，也要热情大度，注意发现对方身上的闪光点。有时还需要用你身上的闪光点去照亮别人，让大家的心境都明亮开朗起来。这样，就会有更多的人愿意同你友好相处。

除了要注意避免说负面话之外，我们还要认识到有意见应当当着别人的面去说。我们知道中国有句古话叫“谁人背后不说人，谁人背后无人说”，这是很不好的，在日常的交际生活中要注意“闲谈莫论他人是非”。有些人对别人的成功议论，对别人的失败也要议论，任何东西都是他们议论的对象，这是很不好的做法。人在这个世界上的存在意义并不是被他人议论，而且议论大多数都是负面的，我们要尽量把这个陋习改掉。

在别人背后议论他人的好坏是对人际关系危害最为严重的一种行为。同学、同事之间不要互相议论，若我们对某个人有意见可以约个时间，或找个机会当面告诉他，指出你对他不满意的地方。这样对方不但不会生气还会因此感谢你，人际关系也会和谐融洽。

下面介绍的这个旅美学者的经历对我们认识这个问题或许有些帮助：

“我在美国和俄国时，从来没有人在我面前说第三个人的坏话，我自己倒有时会犯这个毛病，在一个人面前对不在场的某个人说三道四。后来有个俄罗斯人告诉我：‘在我们这个地方，和一个人议论另一个人的事是不道德的。’我从那以后就把这个坏毛病彻底地改掉了。”

我们都知道背后议论他人的毛病，对人际关系极具破坏力。而人际关系的好坏对我们每个人的发展都有着极其重要的影响。所以要清楚地认识这个问题，避免它发生在自己身上。

击败别人的攻击

在美国第35任总统候选人的提名过程中，肯尼迪的年轻和孩子般的外表成了一个不折不扣的不利条件。众议院发言人萨姆·雷伯恩就攻击肯尼迪是乳臭未干的几个民主党领导人之一。肯尼迪哈哈一笑，把问题抛到一边："萨姆·雷伯恩可能认为我年轻。不过对一位已是78岁的人来说，他眼中的大部分人都年轻。"可是这个问题始终纠缠着肯尼迪。哈里·杜鲁门在一次全国性演讲中向肯尼迪挑战。"我们需要的是一个极其成熟的人。"这位前总统说。肯尼迪用逻辑和机智回敬了他的挑战。他说，如果年龄一直被认为是一个标准的话，那么美国将放弃对44岁以下所有人的信任。这种排斥可能阻止杰弗逊起草《独立宣言》、华盛顿指挥独立战争中的美国军队、麦迪逊成为起草宪法的先驱、哥伦布去发现新大陆。

肯尼迪在遭到突如其来的诘难时以非常机敏的方式巧妙地回答对方并予以有力的反击。机敏是机智、敏捷，体现的是人们对矛盾的感受能力以及由此产生的变通能力。这就要求我们必须善于发现问题，判定相应的对策，还要随着事情变化不断调整应变策略。

机敏者一般都是成熟稳重的，特别是身处窘境时，沉着稳重更有助于提供化解尴尬的妙法。演员巩俐有次在香港接受访问，有个记者问道："您觉得自己漂亮吗？"这时候回答"是"或者"不是"似乎都不够妥当，巩俐想了一下说："我觉得我的牙齿是漂亮的，虽然不整齐却与众不同。"这样的回答博得了全场的掌声。

在面对别人的攻击时，有的时候我们还可以"以彼之道，还施彼身"。

1982 年秋天，在美国洛杉矶召开的中美作家会议上，美国诗人艾伦·金斯伯格请中国作家蒋子龙解个"怪"谜："把一只 5 斤重的鸡放进一个只能装 1 斤水的瓶子里，您用什么办法把它拿出来？""您怎么放进去，我就怎么拿出来。"蒋子龙微笑道。那是一个谁也无法解开的"谜"，然而，我们的作家"以其人之道，还治其人之身"，收到了很好的效果。

一次，英国一家电视台采访中国当代青年作家梁晓声，现场拍摄电视采访节目。这位英国记者忽然让摄像机停下来，然后对梁晓声说："下一个问题，希望您能毫不迟疑地用'是'或'否'来回答，好吗？"梁晓声不知有诈，欣然答应。谁知那位英国记者一扬手，遮镜板"啪"的一声响，记者把话筒放到自己嘴边，说道："没有'文化大革命'，就不会产生你们这一代青年作家，那么‘文化大革命’在您看来究竟是好是坏？”说完把话筒立即伸到梁晓声嘴边，摄像机对准了梁晓声的脸。在这进退维谷之际，梁晓声却不动声色地说：“在我回答您这个问题之前，我也问您一个问题：没有第二次世界大战，也就没有以反映第二次世界大战而著名的作家，那么您认为第二次世界大战是好是坏？”在这里，梁晓声巧妙地应用了“反弹”的应答技巧。

当你面对尴尬，尤其是对方故意为难你的时候，很好的办法就是“以彼之道，还施彼身”，找到对方的思考逻辑，用同样的方式请对方予以解释，从而化解难题。

善用巧语，化解误会

误会是指别人对你的看法或认识与你的实际情况不符，是无意之中产生的认识上的错误。无论你如何谨慎小心，这种情况在每个人的身上都会发生。

误会形成的原因有两个方面：一是自身的言行不够谨慎，言谈行事有欠周到、细致，使他人不能准确地领会你的意图；二是对方主观臆测。由于每个人不同的经历、学识、价值观、气质、心境等因素的影响，对同一件事、同一句话，不同的人会有不同的理解。

误会给我们带来痛苦、烦恼、难堪，甚至会产生预料不到的隔阂。所以，你一旦发现自己陷入误会的圈子后，必须调整自己，及时采取有效的方式予以解除，使自己与别人能尽快地轻松、舒畅起来。

1. 消除委屈情绪

出现或发生误会后，你首先要做的，就是不要为自己辩解。总认为自己正确、不被理解，心中怀有委屈情绪的人，必定不愿开口向对方做解释，这种心理障碍会妨碍彼此间的交流。

此时，你应多替对方着想，无论他是气量小、心胸窄，还是不了解真相，不了解你的一番苦心，你都不必去计较。只要你真诚地向他表明心迹，那么误会就会很快消失的。

2. 查清原因

产生误会后，一方怒气冲冲，充满怨恨和敌视；一方满腹狐疑，委屈压抑，双方的隔阂就会越陷越深。如果这时谈崩，就会有新的误会接踵而来。

产生误会后你一定要冷静，你必须下一番功夫内查外调，搞清楚对方的误解源于何处。否则，无论你花费多少时间，也不会解释清楚的。搞不好还会越描越黑，弄巧成拙。

3. 当面说清楚

虽然误会的类型各种各样，但解决的最简捷、最方便的方法便是当面说清楚。大多数的人也都喜欢这种方法。

因此，如果有误会需要亲自向对方做出说明，你千万不要找各种借口推脱。你一定要战胜自己的懦弱，克服困难，想方设法地当面表明心迹，千万不要轻信第三者的只言片语。

4. 不要放过好时机

解释缘由，消除误会，必须选择好时机，一定要考虑对方的心境、情绪等情感因素。你最好选择升职、涨工资或婚宴等喜庆日子，因为这时对方心情愉快，神经放松，胸怀也就较为宽广。你如果能抓住这些时机进行表白，往往能得到对方的谅解，双方重归于好。

需要注意的是，不要因为难以启齿或碍于情面而使解释的时间越拖越长。这样会使误会越陷越深，到最后无限制地拖延，造成令人更加苦恼的后果。所以，有了误会，要迅速地解释清楚。拖的时间越长，你就越被动。

5. 请同事帮忙

你与同事的误会常常是在工作中产生的，双方的误解涉及许多因素。个人解决可能会受到限制，有时候不能明白透彻地说清楚，这时候，你可以请其他同事帮忙，把事情彻底地弄清楚。当然，你也不必兴师动众，叫上一帮同事大费口舌。当误会不便于直说，你们双方又都觉得心里不愉快，产生了生疏和隔阂时，你只需要让同事帮忙为你们提供一个畅谈的机会。在和谐、友好的气氛中，彼此间心理上的距离便会缩短，许多小误会和不快都会自然消失。

6. 用行动加以证明

有的误会如果用语言不能解释清楚，那么你就用与之相反的行动去证明误会的不实之处。

比如，有同事误解你工作成绩是靠别人帮忙得来的，这种事你是说不清楚的，只有靠自己的努力拿出更好的成绩来证实你的能力。这样，他人就无话可说了，误解也就自然消失了。

说话要有策略

在日常言谈中，有时候会觉得自己说出来的话别人不愿意听，或者是产生了不理想的谈话效果，同样，有时候也会觉得别人说出来的话自己不爱听，或者不知道怎样来继续彼此的谈话。这两种情况都会产生无话可说的情况，往往会陷入说话的尴尬局面，结果也许仅仅是停留在语言的尴尬这个层面，但往往可能是影响彼此之间的感情或者不利于事情的发展。尽量避免语言的尴尬，也是我们在日常会话中的必修课程。

1. 说话要给对方一个退路

要爽快地接受别人的意见，的确是一件很不容易的事。但是，如果是你的意见比较正确，而他人想要逃避责任的话，这又该如何是好？这样的情况比起自己爽快地接受他人的意见难得多了。

这个时候，不应该逼得他喘不过气，或说不出半句话，也就是所谓的“赶狗入穷巷”。他人被你逼得走投无路的时候，只好抓你的毛病反击。如果你不懂得给对方留些余地，对方表面上可能表现得很宽容，匆匆地找个台阶下，但内心的煎熬却不像表面的那样，这种屈辱有机会他一定会讨回来。如果你能够遇到一位心胸宽大且真正欣赏你的人，这是你的福气，你要心存感谢。千万不要因为这样就趾高气扬不可一世。《孙子兵法》中也说过，攻敌时要留一条退路给敌人，若是把敌人团团围住而不留一条活路，敌人在走投无路的情况之下只好决一死战，全力反击。

有句俗话说得好：得饶人处且饶人。人在有理的时候不要咄咄逼人，抓住别人的“小辫子”不放，而要有容人容事的胸怀。“大肚能容，容天下难容之事；笑口常开，笑天下可笑之人。”这是人们贴在弥勒佛身边的一副对联。从这副对联中，不难看出人们对大慈悲、大胸怀的敬仰之情。常怀宽容之心，实际上也是做人的一种美德和力量。史书载，战国时赵国的蔺相如以国家利益为重，一忍再忍廉颇的寻衅羞辱，他以“先国家之急而后私仇”的大境界，终使廉颇幡然醒悟，从而给世人留下“将相和”的千古美谈。应该说，宽容是双向的，于人于己都有益。如果一味苛求别人，得理不饶人，这样不但于事无补，也伤了感情。

2. 巧妙应对别人的奚落

在社交场合，有时会遇到别人有意无意抢白你，奚落、挖苦、讥讽你，你该怎么办？有随机应变能力的人，能调动自己的智慧，化被动为主动，使尴尬烟消云散。“兵来将挡，水来土掩”，你可视不同的对象选择不同的应对办法。

若判明来者不善，是怀有恶意，故意挑衅，你可以“以眼还眼，以牙还牙”，有理、有利、有节、有礼貌而巧妙地回敬对手，针锋相对，“原物”顶回。

如果有人用过于唐突的言辞使你受到伤害，或叫你难堪，你应该含蓄以对，或装聋作哑、拐弯抹角、闪烁其词，或顺水推舟、转移“视线”、答非所问，谈一些完全与其问话“风马牛不相及”的事，用这种委婉曲折的方法反驳对手，定会取得奇特的功效。

有的时候，可能会遇到棘手犯难的问题，对此若以幽默谐趣的方式回答，往往会“化险为夷”，改变窘态。在“山重水复疑无路”时，转为“柳暗花明又一村”，使尴尬局面消失在谈笑之中。

俗话说：“防人之心不可无，害人之心不可有。”练就随机应变的语言表达功力很重要，但切不可主动进攻、出口伤人，而且防卫要注意有礼貌。

3. 莫要口无遮拦，避免话不投机

在交谈中，每说一句话之前，都要考虑一下你要说的话是否合适，不要口无遮拦，想说什么就说什么，给其他人造成不快。

除非是亲密的朋友，否则最好不要对个人的卫生状况妄加评论。如果某人的肩膀上有很多头皮屑或口气很难闻，或者拉锁钮纽扣没系好，请尽量忍耐不去想，并等他亲密一些的朋友告诉他。如果你直接告诉他，特别是在人比较多的场合，很容易让对方处于尴尬的境地。

许多人不喜欢别人问自己的年龄，尤其对女性而言，年龄是她们的秘密，不愿被人提及。对钱等涉及个人收入的一类私人问题的询问通常也是不合适的，可以置之不理。

在社交活动中，应以诚待人，宽以待人。要与人为善，而不要打听、干涉别人的隐私，评论他人的是是非非。不要无事生非、捕风捉影，也不要东家长西家短，更不要传小道消息，把芝麻说成西瓜。说话要有事实根据，不能听风就是雨，随波逐流。俗话说："良言一句三冬暖，恶语伤人六月寒。"所谓恶语是指那些肮脏污秽、奚落挖苦、刻薄侮辱一类的语言。口出恶语，不但伤人，而且有损自身形象。在社交活动中，应当尊重人，温文尔雅，讲究语言美，而不要自以为是，出言不逊，恶语伤人。

此外，如果两人相见，话不投机怎么办？不妨把"话不投机"的对方当作会话训练的对手。有一种人，当他和某人在一起时，总是有说不完的话，可是和另一个人在一起时，却沉闷得不讲一句话。

俗语说："酒逢知己千杯少，话不投机半句多。"有些朋友一旦感到与对方讲话不投机，自己虽有话题，也不愿提出，而且从心底里拒绝接受对方的意见，这不是一个有教养的人应有的态度。培养自己的会话能力，除了会话的场合与次数要多以外，更要把握与各式各样的人交谈的机会。你或许会发现自己对某个人有很深的成见，一见到他，就产生一股厌恶感。这时，你不要逃避，应该更积极地去跟他交谈，这是训练会话技巧的最佳方法。你可以选择一些比较轻松的话题跟他谈，如电影、音乐，通过这些交谈，可以促进两人之间的感情，增加彼此的了解。经过几次交谈后，或许你会发觉："哦！原来他不是一个那么令人讨厌的人！"也可能你们会从此变成一对很谈得来的朋友。

日本影评家淀川长治曾说："我从来没有碰到过令我讨厌的人。"这是一句了不起的名言，你如果能够去除不跟讨厌的人讲话的观念，一定会变得很有人缘，会话技巧也必提高，这种一举两得的事，何乐而不为呢？而如果一次话不投机就放弃了深入了解的机会，或许失去的要比得到的更多。记住，给彼此一个机会，或许你就能收获一个知心的朋友。

4. 学会化干戈为玉帛

美国第七任总统安德鲁·杰克逊曾经和一个叫作本顿的人决斗。本顿一枪击中了杰克逊的左臂，子弹一直留在里面近 20 年。到 1832 年医生取出子弹的时候，本顿已经成了杰克逊热情的支持者。杰克逊建议将子弹归还本顿，但本顿谢绝接受，说按照美国法律的规定，遗失物或被抛弃物的追索时间为20年，20年的保管期已使产权发生了转移，子弹的所有权当属杰克逊了。而杰克逊说自从上次决斗到现在只有19年，产权关系没有发生变化。本顿回答说：“鉴于你对子弹的特别照管，并且一直随身携带，因此，我可以放弃这一年。”

人和人之间的交往难免会有些旧怨出现，这些旧怨可能会造成不愉快的人际关系，该怎么解决这个问题，上面的例子提供了一个很好的办法。

宽恕就是给别人机会，给自己机会。“化干戈为玉帛”是化解矛盾的有效手段，非常重要。生活在社会中，必然有矛盾和烦恼，如夫妻、邻里、同事间不和谐，均会使人出现负面情绪，甚至产生仇恨。在被别人曲解和伤害时，本能的反应就是报复。然而，报复虽可发泄怒气，减少心中的负荷，但会激化矛盾。因此，在生活和工作中要避免进入困境，最明智的选择就是宽容，做到宽容大度，摒弃前嫌，化干戈为玉帛，从而减少对心理的刺激，必然有益于身心健康。

要勇于面对问题，解决问题，不能逃避，老死不相往来。将有办法解决的问题及无法解决的问题分别列出。有办法解决的问题全力以赴去解决，无法解决的问题先寻求支持，精诚所至，金石为开，凡事尽力而为必能得到对方的谅解与支持。

不知如何说不如不说

世界上的麻烦有一半是因为说话不当造成的，另一半是愚蠢所致。所以，说话不当的危害跟愚蠢是一样的。说话不当者未必都是愚蠢的人，但的确做了一件愚蠢的事。

说蠢话和做蠢事，有时是紧密相连的，比如曾经震惊全国的马加爵杀人案件，就是一个蠢话导致蠢事的大悲剧。

当马加爵在三亚落网后，他杀人的原因终于真相大白。事情的经过是：马加爵和几位同学打牌时，有人说马加爵作弊，然后发生了口角，大家把马加爵曾经的种种“劣迹”抖出来对他冷嘲热讽，比如“吃饭时，连你广西老乡都不愿叫你了”之类。这句话刺激了马加爵，使偏激狭隘的他产生了杀人念头。据马加爵交代，刚开始时，他只想把“不愿再叫他吃饭的老乡”杀掉，后来因为要杀人灭口，才又杀了其他 3 人。当他在宿舍处理血迹时，又有一名广西老乡来叫他打牌，当时他曾产生过把此人也杀了灭口的念头，但想到此人对他不错，还打过饭给他吃，才放弃了“再添一条人命”的想法。

当然，马加爵愤而杀人，可能不止一次口角这么简单，在平日的相处中，同学们的说话不当，早已在他心中留下了积怨。

在审讯中，警察问他为什么杀人，马加爵说：“我觉得我太失败了……他们老在背后说我……把我的一些生活习惯、生活方式甚至是一些隐私都说给别人听，让我感觉完全暴露在别人眼里，别人都在嘲笑我。”

这场凶杀案件，主要原因固然在于马加爵的凶暴残忍，但如果他的同学在说话时留意一点，他也许不会这么容易凶性大发吧！

几乎所有谈话中的失误或错误都是由于没有认真考虑后果造成的。所以，有家教的父母总要告诉自己的孩子两句老一辈流传下来的话，一句是“紧急言语慢开口”，一句是“话到嘴边留半句”。

哪些话属于“紧急言语”，话到嘴边，应该留下哪“半句”呢？

第一，隐私或秘密不可轻易泄露。这两样东西，将暴露自己的意图和弱点。对方也许是朋友不是敌人，不过就怕他是敌人或受敌人利用。

第二，留住自以为是的见解。人们都是根据有限信息进行思考并形成想法，在信息残缺不全时，会形成偏见。加上感情倾向与情绪作用，会使自己的见解偏得更厉害。正如索罗斯所说：“我们对世界的所有认知都有缺陷，因为我们无法透过没有折射作用的棱镜看待这个世界。”

虽然每个人的想法都带有偏见，但掌握信息较多、比较理智、能有效克服情绪的人往往意见更正确，至少更令人信服。因为在一些人中，大家的见解都超不过他的见解。你看那些经验丰富的领导人，当别人进行热烈的讨论时，他却坐在那里一言不发；等别人把想说的话都说完了，他再发表意见，一开口就语惊四座，让大家觉得自愧不如。其实，他在保持沉默时，并非没有想法，只不过能隐忍不言而已。当他听完所有人的讨论后，掌握的信息已经比别人多了，在此基础上形成的想法，自然胜过所有人。

第三，避免对别人不恰当的批评和指责。所谓不恰当，有多种含义：如果你看错了现象，误会了人家，批评和指责无疑是不恰当的。假如对方确有挨批的理由，是否批他，还得看风向。

比如，你这样做，是否对他确有帮助？是否会加深误会激化矛盾？另外，如果对方已经意识到了自己的错误，并有改正的倾向，就没有必要对他说三道四了。

当你确定批评他是必须而且有用的，点到为止即可，把多余的废话咽回去。

第四，不发毫无价值的牢骚。生活本来就是不如意的事要占很大比例，你到哪里去找一个圆满的世界？已经吃到肚子里的东西，无论米谷糟糠，总是要自行消化，岂能吐出来让别人心情难受？

第五，抛弃不着边际的废话。为说话而说话，把东家的长西家的短都搬出来当谈资，讲完了也不知道自己到底说了什么，这无疑是废话。那又何必要说？那又何必说太多？

古语云：君子三缄其口。又云：不得其而言，谓之失言。如果你不能确定自己说的话对人对事有益无害，或者利多害少，那么不如不说。

另外，在生活中，有一种人真让人痛苦，他们从来不能简明地表达自己的观点，从来不知道什么该说和不该说，总是想到什么就说什么，他一开口，别人就没有什么插嘴的机会，喋喋不休到对方失去耐心，仍不肯闭上嘴巴。

更让人痛苦的是，这种人为数还不少。

有一则笑话：

电台台长为了调查电台的收听率，决定在星期天晚上打电话给1000个男人：“请问您现在在听什么？”

“正在听老婆唠叨。”在这1000个男人中，有934人这样回答。

如果认为唠叨是女人独有的毛病，未免冤枉。某些男人喋喋不休的本领跟女人相比也不相上下，而且有时比女人的唠叨更有杀伤力：女人的唠叨缺乏逻辑，东拉西扯，强词夺理，可听可不听；男人的喋喋不休通常逻辑严密，言之成理，不听简直就像不懂道理。所以，哪怕你已极不耐烦，还是只能耐着性子听着，直到忍无可忍。

一般来说，“唠叨”有三种类型。

一是强调型。对别人做事不放心，反复叮咛，将所谓要点及注意事项一遍又一遍重复，还担心对方听不懂记不住，一有机会就将自己的老意见与新主意再次发表一遍，以保证对方的所作所为绝无差错。殊不知，由于说得太多太泛，反而忽略了要点；由于重复的次数太多，对方习以为常，反而不会引起重视。

二是发泄型。由于对眼前的事情“看不惯”，就一味地发牢骚，怨这怨那，常常惹得周围人避之不及，甚至造成人际关系紧张或破裂。由于有高见要发表，或有得意之事要宣传，有失意之事要倾诉，就不管别人爱不爱听，由着性子说一气，直到畅快淋漓才肯罢休，谁知别人早已晕倒。

三是混合型。即以上两种行为表现集于一身，其危害更为严重。因为他们对任何人、任何事都有话可说，嘴巴像一个关不住的闸门，整天哗啦哗啦地往外吐酸水，考验别人的忍耐力。

那么，如何改掉爱“唠叨”的毛病呢？有如下四种方法。

一是感同身受法。用录音机把“唠叨”的话录下来，每天晚上自己反复听 3 遍，每三天一个疗程。如果没有录音机，请在场的人完整复述一两遍也可。用这种方法，可使自己亲身体味到喋喋不休给他人带来的烦恼。只要一个人还有一点同情心和自知之明，相信经过三五个疗程之后，爱唠叨的毛病就可以改掉了。

二是集中发泄法。找一个无人的地方，把自己内心的牢骚发泄出来。如果是在家中，也可面对发泄对象的照片或画像，把不良情绪宣泄净尽。这样集中发泄，把自己想说的话全部说完，直到再也不想多说一句。此法既可康复情绪，又不伤人。

三是活动替代法。对轻度唠叨“患者”，可尝试使用“活动替代法”，即当要大开话闸的时候，舌头在口腔中反复转动 1 ~ 3 分钟，以此代替“唠叨”，并提醒自己回忆每次“唠叨”之后的不良后果。如此法不见效，可暂时离开这种情境，避开眼前的不良刺激。眼不见，心不烦，待情绪调整好后，再回到原来地方。有此举动，潜意识中已对唠叨提高了警惕，自然不会再由着性子瞎说一气。

四是反躬自问法。喋喋不休的唠叨者，说话只是因为想说话，通常自己都不十分清楚说了什么，有什么目的和结果如何。如果我们自己都不清楚自己在说什么，别人又怎么能明白呢？所以，每次唠叨过后，不妨反省一下，今天说的话是不是太多？是不是引起了别人的不快？是不是造成了与自己的本意相反的效果？能不能用三五句话把自己的长篇大论表达清楚？应该怎样说才会更让对方喜欢？只要经常这样反躬自问，人便会变得理智沉静，久之，说话自然变得慎重得多，再也不会喋喋不休、信口开河了。

曾国藩说：人生坏事的两个因素，一是自傲，二是多言。

多言生厌，多言招祸，多言致败，多言无益。所以《智慧书》极言说话简洁的好处：

“不要只重复一个话题，囿于成见。简洁令人愉快，给人好感，并且事半功倍。简洁虽有失于草率，却在礼貌上得到补偿。好的事物，如能简洁则会更好。本来很糟，如能简洁，则不致太糟。少而精胜于多而杂。众所周知有些人不善于为宇宙增光添彩，却善于搅扰四邻。他们像无用的事物令人避而远之。谨慎的人应避免使人厌倦，尤其是繁忙的大人物。触怒这样一个人也许会比惹恼所有其余的人更糟。说话高明即指说话简洁。”

具备优势时需要沉默

“少说话、少评论、少批评”，牢记“沉默是金”，才能更好地应对复杂的人际关系。切记管住自己的一张嘴。

有这样一个故事：一个远道而来的客人郑重其事地送给主人一个礼盒，主人非常开心地收下了，打开一看只是三个很普通的小金人。主人很奇怪地问远道而来的客人，为何送这样的小金人给他。

客人拿出三个小金人放在桌上，用一根稻草做了一个实验给主人看，当稻草穿过第一个小金人左耳的时候，稻草从右耳出来了；客人又用稻草穿进第二个金人的左耳，稻草立即从金人的嘴里吐了出来；当客人再次把稻草穿进第三个金人的左耳时，却被第三个金人吞进了肚子里，再也出不来了。

这个故事其实告诉了我们一个做人的道理：有种人做人很消

极，对什么都不会用心去想，也很难用心去做，对生活是一种混日子的态度。也就是第一个金人，对所有一切都不会经过思维，更不会付诸行动，左耳进右耳出了，好像什么都没有发生，这是一种对生活消极对抗的情绪，也是对自己的一种放纵，对好的意见和有建设性的提议甚至都懒得理会，长时间地沉浸在自己固定的思维里，不想发展也不想突破，做人以过一天算一天论。

有的人做人在小处很精明，喜欢着眼于眼前利益，也善于利用一切机会，为了显示自己的博闻，喜欢到处打听，然后不负责任地乱说。有的是因为头脑简单，凡事不用大脑，喜欢成为闲谈的主角，也许并没有多大的恶意，只不过对看到的听到的不会加以分析，说出来的话只是别人简单的重复，该说的不该说的都说了出来。谈到有什么居心，也未必有，只不过有时候太热衷于传播一些不切实际的言论，让周围的人感到尴尬甚至搞出很多是非，而且很有可能被别有用心的人利用。做人有时候需要厚道一点，听到的和见到的未必是真实的，片面的言辞会伤人于无形，不负责任的传播可能会给别人带来不必要的干扰。这也是第二个金人要告诫人们的：慎重自己的言行。

在一个特定的环境或是一个特定的时期，沉默是最好的处世方式。很多时候的很多事，不是谁想怎样就能怎样的，有许多客观和主观的因素影响着事态的发展。对很多未经证实的言论最好不要评说，放在肚子里，让不好的传闻止于你的沉默，对别人负责也是对自己的尊重。

现代的社会应该是张扬个性的年代，张扬的是自己的自信，沉默的是对一些阴暗的东西。做人的磊落，凭的是真正的能力，而不是踩着别人的肩膀还嫌不够稳妥，用一种似是而非的诽谤获取自己想要的东西，就算一切可以暂时得到，却失去了做人应有的尊严。

在人生纷乱的时刻，沉默静守才能保持自己的清醒。当生活的巨浪袭来的时候，用自己稳健的行动去抵挡，此时语言的力量是苍白的无效的，就算你使尽全身的力量也喊不出和浪涛声相抗衡的音量。沉默不是退让而是积蓄下一次奋起的力量，寻找时机走出人生真正的辉煌。

倾听胜过倾吐

在生活中，有时倾听对方比倾吐自己更重要。善于倾听别人的发言，既反映出一个人的礼仪修养，也是一种高超的交际艺术。在社交场合，一个聚精会神的听众往往比一个慷慨激昂的演说家更受欢迎，他会使说话者感觉自己很重要。善于倾听别人的发言是对他人的尊重，有时还有助于问题的解决。在我们周围，有的人看似不喜欢说话，其实他们不是不喜欢，而是想找一个善于倾听他们说话的人，有了这样的人，他们的话就会滔滔不绝了。

父亲是位知识分子，为人古板，不喜与人交往，每次儿子来了熟人，父亲就独自躲到书房，很少与人打招呼。

一次，儿子的三个高中同学来到家里。大家一见分外亲热，其中有两位喜欢下棋，闲谈中都是些术语、行话，而另外一位对“黑白世界”一无所知，无聊中去了父亲的书房。这外边三位在棋局上杀得天昏地暗，没去管他，等玩够后，才从书房中把那个同学叫出来。令儿子吃惊的是，老父居然送出房门口，还问儿子为什么不留他们吃饭，临行还一再叮嘱以后有空来玩。在儿子的记忆中这是父亲第一次留他的同学吃饭，而且以后还经常问及那位同学为什么不来玩。

儿子在惊叹之余，问及同学怎样赢得父亲的欣赏。结果那同学说：“没什么呀。你们下棋我不懂，就去你父亲书房，见你父亲在看一本水利方面的书，就问你父亲是否搞水利的，然后就好奇地问长江大桥的桥墩怎么做的，你父亲就开始给我讲解，如何先将一个大铁筒插进去，将里面的水抽干，挖出稀泥，打地基，直到做好干透，再将铁筒抽掉。你父亲在说，而我只是认真听，也没说什么。”

其实说话不在多少，有时口若悬河、侃侃而谈的人只会引起别人的反感。真正会说话者，首先是一个好的听众，故事中的同学能赢得父亲的欣赏，原因即在此。好的听众表现出的是对他人的尊敬，也是对他人暗示性的赞美。学会倾听别人说话，也是与人友好相处的一个重要途径。

美国教育家戴尔·卡耐基在《人际关系》一书中，叙述了一个他亲身体验的小故事。

一次，卡耐基同一位名人在晚餐会上交谈。席间，卡耐基自始至终只是充当了一个听名人讲话的角色。事后，名人却向晚餐会的主持者赞扬说“卡耐基是一个非常善于交谈的人”。得知此事后，卡耐基不禁大吃一惊说：“我只是很认真地听他讲话而已。”

富有魅力的人大多是善于倾听他人言谈的人。真正善听人言者比起善言者更能感动对方，更能唤起对方的亲近感。

平日我们也常听到有人抱怨，或者我们自己也一直在抱怨：“为什么表达自己是那样的难。我总是那么笨嘴笨舌，不善言谈，所以无法很好地与别人相处，人际关系也就总处理不好。”我想还是请你仔细地品味一下卡耐基的这段小故事吧。

不善言谈的人，亦是不善倾听他人言谈的人。因为他在交往中过于在意自己的行为，总是不断地惦念着：一定不能让对方笑话自己，要把话说得漂亮些，否则就得不到对方的认同。另外，他又为自己的说话达不到那种理想程度而感到十分苦闷。这样，当然也就不会聚精会神地倾听对方的说话了，免不了忽视对方，很难真正在听别人讲话，只是随便地点头附和，心不在焉地听听而已，有时甚至不等对方把一段话说完就迫不及待地自己说了起来。这是一种只要求对方听自己说话的单方面的交谈方式。

我们这个时代，是一个自我张扬的时代，即人人都想张扬自我。假如人人都要张扬自我，自然就没有人会认真地倾听别人的言谈了。

实际上在今天，大多数人只知一味地张扬自我，而真心诚意地倾听对方陈述的人已很少见了。正因为如此，刚才提及的卡耐基那种善听人言的优点才是最值得称道的。

下面介绍一个在工作上成功地发挥善听人言的例子。

方小姐在某保险公司从事外勤工作已 20 年了，是个经验非常丰富的行家。就是在公司众多外勤人员中，她的成绩也一直是出类拔萃的。她在向客户介绍保险时不采用劝说的方法，这正是她与其他外勤人员的不同之处。后者通常的做法是在客户面前摆上好几本小册子，然后向他们说明到期时间和应收金额，并口若悬河地以一种非常熟练的语调反复地讲述客户在投保后，将能得到多大的好处。

而方小姐却与此相反，这样的话一句也不说。她总是从对方感兴趣的话题说起，稍许谈谈自己在这方面的无知和失败的体会。原对劝说投保一事素存戒心的对方因为她谈的是自己喜欢的话题，这样便在无意中跟着她谈了起来。之后她总是听着，并为对方的讲述感到钦佩和惊叹。对方却不知不觉地倾吐了内心的烦恼，谈了自己对将来的理想和希望。方小姐依然专心地听着，直到最后，自己才主动地说出投保的想法："这么说，还需要适当地投保啊！"

方小姐是一个善听人言的高手。不过，在此可以断言的是：她并不是因为生意上的缘故而装出一副倾听对方言谈的样子。与此相反，方小姐在这段时间里甚至忘记了工作，诚心诚意地听对方讲话。也正因为如此，对方才会对她敞开心扉，吐露真情。即使在旁人看来，他们之间的对话像是单方面的，但实际上，这二人进行着心灵上的交流和沟通。

做一个善听人言者，比任何一个雄辩者都要更吸引人，同时也是搞好人际关系最有效的手段。

如何做到倾听对方呢？

（1）要专心。倾听时要精神集中，神情专注。为表示自己注意倾听，要多与对方交流目光，别人讲话时要适时点头，并发出"是""对""哦"等应答。但不要轻易打断别人的谈话，也不要随便插话，若非插话不可，要先向对方表示抱歉，并征得对方同意，如"对不起，我可以提个问题吗"或"请允许我打断一下"。

（2）要虚心。交谈中要尊重对方的观点，即使你不同意别人的看法，也不要轻易打断别人的谈话。如确有必要，需等人家讲完后再阐明自己的观点。特别是对方还没有充分地把自己的意思表达清楚的时候，不要轻易表态，乱下断语，也不要挑剔批评。

否则会让人感到你有一种优越感，影响交谈的进行。

（3）要耐心。交谈中要注意控制自己的情绪。有时会因为对方过长的发言或自己不感兴趣的话题而感到厌烦，这时要学会控制自己的情绪，不要使之表露出来，要耐心听他把话讲完，这是对讲话人的尊重。特别是对方有意见的时候，要耐心倾听，给对方提供宣泄不满的机会。

花点心思听人说

如果你同别人谈话，对方谈起你不懂的内容或不感兴趣的话题，你可以说："我上次已同某人谈起过这件事……"这样，就可以说另一个新话题了。原则上，只要你对每一件事，都具有强烈的好奇心，那就不会有你不感兴趣的话题出现。

有时，一些你本来不感兴趣的话题，也会带给你意外的收获，使你受益匪浅。这也就是说，与人交谈，除了能带来兴趣，还能增长自己的见识。有了这种想法，在你的世界里，应该不再有你不感兴趣的话题存在了。与呆板的人交谈时，只要你多花一点心思去注意，也会发现很有趣的地方。还有从老年人、父母、上司等的谈话中，也往往可以得到丰硕的收获。现代人都具有强烈的反抗意识，往往将父母的话置之脑后，实在是很可惜。请按捺下性子，好好地听一次，你会发现很有趣、很有用的一面。听完后，你若觉得有必要批评，再去批评也不迟。批评和聆听是两回事。如果话题总是局限于流行的服饰、时代潮流等，那你怎么能成为会话的高手？又怎能成为受人欢迎的人？

如果问，21 世纪高素质的人才应该具备什么样的才能，很多人都会答："口才。"换个角度讲，这个世纪也同样需要听才。可以说会说话首先要会听话，要想提高口才，必须提高听才。若能积极主动、持之以恒地形成听人说话的良好习惯，相信你一定可以获得更多的收获。

终止不愉快的谈话

在现实的交际生活中我们不可避免地会遇到一些实在不喜欢的人，或者一个让人很尴尬的话题，如何应对这种状况？与麻烦的对手打交道也需要一定的技巧。

化解尴尬处境最常用的办法是"找借口开溜"。相信很多人都尝试过这种办法，可问题在于如何让这个借口显得自然，而不会出现欲盖弥彰的状况，使状况变得更加尴尬。这就需要具体问题具体分析，从当时的场合和可利用的一些资源随机应变，见势行事。

对于难缠且麻烦的对手，不妨采用下面这个办法：故意忘记他的姓名，暗示你对他的漠视。不同的称呼，表示了双方关系的密切程度，代表着对对方人格的尊重程度。如双方见过面，对方对自己的名字却根本没有印象，表明对方根本没有把自己放在眼里。对于专门从事与人打交道工作的人，记住对方的名字并在下一次相见时叫出，是一种非常有用的武器，客人会因此产生一种莫名其妙的愉快感觉，感到受到对方的重视。若是不想承认对方的能力和人格，或者不希望与对方打交道，就可以故意假装不知道对方的名字，暗示与之处在不平等的位置上，你占有优越的地位。这是一种实用的心理技巧，对于惹人厌烦或有意轻视疏远的对象，就故意问："啊，我忘记了，你的名字叫什么？"这种问法，一定会给对方以相当大的打击，因为这样问就表示，你的存在对我毫无帮助，所以我根本没有记住你的名字。这种不友好的问话一出口，对方会显得有些不自在，他们会认为，说这话的人很不礼貌或者很傲慢，也就往往会终止交谈。